滄海叢刊

中國哲學之路

項退結 著

1991

東大圖書公司印行

國立中央圖書館出版品預行編目資料

中國哲學之路／項退結著. --初版. --
臺北市：東大出版：三民總經銷，
民80
面；　公分. --(滄海叢刊)
參考書目：面
含索引
ISBN 957-19-1283-2 (精裝)
ISBN 957-19-1284-0 (平裝)

1.哲學—中國—論文，講詞等

120.7　　80000831

©中國哲學之路

著　者　項退結
發行人　劉仲文
出版者　東大圖書股份有限公司
總經銷　三民書局股份有限公司
印刷所　東大圖書股份有限公司
地址／臺北市重慶南路一段六十一號二樓
郵撥／〇一〇七一七五－〇號
初　版　中華民國八十年四月
編　號　E 12069
基本定價　肆　元
行政院新聞局登記證局版臺業字第〇一九七號

ISBN 957-19-1284-0 (平裝)

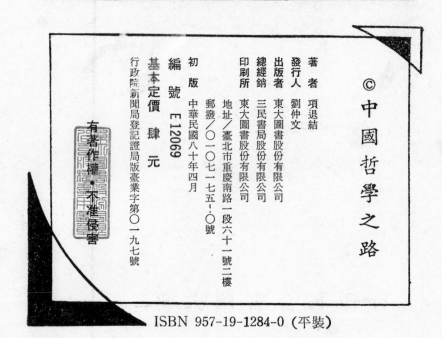

自序

對許多讀者來說，閱讀一本書的序似乎是多餘的事。但對本書的作者來說，這篇序恰像是縮影或地圖。唯有透過它，才會瞭解本書的結構與要旨所在。

二年前，我把一本討論中國哲學的著作命名爲《中國人的路》，因爲牽涉到中國人二千餘年以來的精神途徑。本書又何以稱爲《中國哲學之路》呢？

一如我在《西洋哲學辭典》第二版序言所指出，我希望在專門術語中用「的」與「之」表達出這二個字前面的名詞究係主詞抑屬詞。例如「人之科學」指以人爲研究對象的科學，所以「人」是屬詞；「人的行爲」中，「人」卻是「行爲」的主詞。依照這一用法，本書稱爲《中國哲學之路》，首先是要探討用何種合適的方法去研究中國哲學；其次是要從傳統的天地人三個範疇勾劃出中國哲學思想的軌跡。前者是對中國哲學的思考方式或研究中國哲學的各種方法加以反省；而反省到思考方式及研究方法本身是否正確或是否適當，就是探討以中國哲學爲研究對象的方法論問題；後者則僅研討評述中國傳統哲學涉及天地人的一些思想途徑。基於這一區分，前者才合乎《中國哲學之路》的名稱，後者則宜稱爲《中國哲學的路》，這也就構成本書上下二編。由於是以上編爲重點，本書也就以此命名。

※　※　※

上編討論中國哲學之方法論問題。其中第一、二、五章純係探討中國哲學方法論問題的文章；第三、四、六章則是一方面探討哲學題材，同時也牽涉到方法論。茲擇要說明如下。

〈中國哲學主導題材與方法論問題〉中的八個題材是由三千年以來的文獻歸納而得，但對當代中國人的實際生活仍饒有意義，它們就是：政治、道德、主宰之天、大自然、大自然與人事互相感應、萬物根源、萬物與人事的常道、天地人一體。依據不同時代文獻的分析，八個主題中最先出現的是：政治、道德、主宰之天、大自然、大自然與人事互相感應；一直到墨子，中國早期思想限於這五個主題。戰國時代後來居上的道家思想所最關切的卻是萬物與人事的常道，並由此伸衍出宇宙根源與天地人合一這二個題材。戰國以後的儒家，包括荀子、《易傳》、漢儒與宋明理學，則是混合或綜合了原初的五個題材及溯源於道家的三個題材。

探討八個主題最初出現的時代和它們的互相融合，基本上是應用哲學史的研究方法。第五章〈涉及中國哲學方法論的一次訪問〉也提及同一方法。由於每個人都無可避免地會接受過去的某些影響，因此在那次訪問中我也談及詮釋的主觀性，而原典自有其本來意義，二者不可混淆。第六章〈孔孟心目中的天——兼及方法論問題〉中，也就討論到海德格「先起觀點」的構想，及其徒高達美「視域的交溶」這一方法，藉以消除詮釋主觀性與「事實本身」之間的差距。

第二章〈中國哲學思考的現實性與存在性〉也像第一、五、六各章一般，提及儒道二家彼此交織形成中國思想史中的主流地位，同時指出：將某種詮釋方式視爲唯一可能的觀點，會造成方法論上的嚴重錯誤，即不分皂白把一己的觀點移用在不相干的事上，尤其移用在古代的思想上。此外，這篇文章特別強調兩點：第一，由於中國哲學具實踐傾向，它可以彌補西洋哲學之短，同時也需要西洋哲學所擅長的系統精神、淸晰明瞭的概念與分析方法；第二，與西洋哲學在各方面作深入比較也是很值得應用的方法。

既然說起中西思想的比較，那末第四章〈老子、奧古斯丁與海德格思想中的「無」〉正可提供一個例證。本文開始時應用西洋哲學中區分概念意義的一種方法（「第一意向」與「第二意向」），終於發現，《道德經》的原則之一是解決問題的絕妙方法。

第三章〈對方東美先生生命觀的一些問題〉所提出的五個質疑之中，第二、三題僅涉價值與泛神論問題，而第一、二、五題均係方法論問題，同時又均與哲學史有關。這大約是因爲我過去教西洋哲學史約十五年之故。本文在方法論上的唯一特色也許是強調考證方法的重要性。

顯然，本書所探討的中國哲學方法既非完整，亦欠有系統。但它們卻是我切身體會到而躬行實踐的方法。也許以後我們會找到另外一些方法，但這一切將無損於本書所列方法的重要性與迫切性。這也就是說，儘管以後還可以找到其他許多方法，但如違反本書所列的方法，中國哲學將會誤入歧途，或陷入此路不通的局面。

與馮耀明先生《中國哲學的方法論問題》一書相較，馮書指出邏輯與語意分析的重要性，非常寶貴。本書第四章所云概念意義的區分，即語意分析的一部分。但本書所討論的其他方法，範圍就更廣泛，涉及方法論的份量也更重。

綜觀以上種種方法，大約可羅列如下：

一、哲學史的溯源方法，包括考證。

二、現代詮釋學所強調的視域交溶法，切忌濫用一己觀點於不相干的事上。

三、邏輯與字義語義的分析。

四、與西洋哲學作適當的比較。

※　※　※

下編九章旨在從傳統的天地人三個範疇勾劃出中國哲學思想的軌跡。

其實上編第六章已開始討論馮友蘭所云「主宰之天」的問題。第七章〈洪範的歷史意義與哲學意義〉，第八章〈洪範面對非理性或自律的合理性——合理性終極起源的討論〉，第九章〈中國無神論知識份子的兩難論證〉，以及第十章〈從董仲舒、淮南子至王充的「天」與「命」〉都繼續探討「主宰之天」與「自然之天」之間的關係。以〈洪範〉為主題的第七、八章和討論「兩難論證」的第九章則特別着眼於「萬物根源」與「萬物與人事的常道」之間的密切關係；第八章尤着眼於自本自根的道的合理性之終極基礎。

第十章討論董仲舒與王充時已牽涉到「地」：他們二人都相信天與地是最高的陽與陰，二者就如夫妻一般生育萬物，包括人在內；「天地」同時也指稱人生活在其內的宇宙整體。第十一章〈陰陽合德的哲學評估〉，則是從「陰」與「陽」這二概念來檢討「主宰之天」、「萬物根源」與大自然之間的關係；不消說，天與地的問題也被牽涉到。

最後四章則以人爲主題。第十二章〈人者陰陽之交、天地之心——透過禮運篇來奠定哲學人觀的嘗試〉的主旨在於指出，人不僅在不同階層的陰陽二極之間不斷跳躍，而且本質地向著更高階層的整合性提昇自己。第十三章〈仁之道德原則的創建及其現代意義〉即在於闡述孔子的無比成就：他替後代的中國人和全人類創建了仁的道德普遍原則，從而建造了人性向更高階層提昇自己的可行之路。第十四章〈基於孟荀人性論之實際可行的道德觀〉不過是繼續第十三章的題材。最後，第十五章〈個人、人際關係與社會——荀子、孟子與布柏之比較〉則討論社會與政治基於人性的哲學基礎。

這裏我覺得必須向讀者交代：下編的九章不僅限於對問題作哲學史的敍述，而更着重於哲學問題本身的處理與評估。本書作者深信，中國哲學絕非僅是博物院的展覽品或「國故」。另一方面，要使中國哲學眞成爲未來可走的路，我們也必須與以審愼選擇與評估，再加上我們自己的創造性詮釋。本書第七、八、十一、十二、十四各章尤富後者這一意義。

不消說，治哲學必須注意知識論與方法論；但方法論的目標在於獲致確切可接受的哲學信念。因此，概念雖有其時空性及相對性，但某些確切眞理仍能獲致。這並非教條主義，而是從事哲學工作的基本要求和先決條件。確切的哲學信念和極權主義並無必然關聯，唯獨缺乏批判精神的狂熱思想才會如此。恰恰相反：對人性尊嚴的確切信念才是全人類追求自由的最大推動力量。去年一年之間，波蘭、捷克、匈牙利、東德各國爭取民主自由最力者，均係具非常確切哲學信念的宗教人士，就是明證。當然，哲學信念必須不斷地作自我反省與自我批判，必須尊重別人的見解，不斷地與反對者作精誠交談，否則容易走火入魔。但缺乏可靠的哲學信念，則更容易一面倒向廉價的宣傳。

※　※　※

把上下二編互相對照，我發覺下編九章很忠實地應用了上編六章所揭示的方法。例如下編第七、八、十一、十二、十四各章，是我對中國傳統哲學的詮釋；但我始終兢兢業業，把自己的詮釋和傳統哲學典籍的本來意義區別得淸淸楚楚。關於第一章所列的八個主導題材，第七、八、九、十、十一各章比較側重於主宰之天、大自然、萬物根源、萬物與人事的常道、天地人一體等題材，第十章也特別討論了大自然與人事互相感應的題材。第十二、十三、十四、十五各章則比較以人的問題爲主，因此更涉及道德與政治等題材。

除第五章政大哲學系同學對我的訪問記僅發表於《政大哲學》（政大哲學系的內部刊物，民國七十五年六月，第十七期），第十四章發表於《哲學與文化月刊》第十七卷第五期（民國七十九年五月）以外，其餘十三章均係參加各類型學術會議的論文。其中第二、七、八、十一各章原來用英文撰寫，以後請人譯成中文，再由我自己詳細修改及補充。

爲了一目了然，茲把各章原題、於何學術會議宣讀、發表在何種刊物等等資料羅列如下：

第一章：〈中國哲學的主導題材〉，國際中國哲學會第六屆國際學術研討會（一九八九年七月，夏威夷大學喜洛分部），《哲學與文化月刊》第十六卷第七期（一九八九年七月）。

第二章：〈中國哲學思考的現實性與存在性〉，第一屆世界中國哲學會議（一九八四年八月，臺中市東海大學）時用英文發表，由王靈康譯爲中文，《哲學與文化月刊》第十四卷第十期（一九八七年十月）。

第三章：〈方東美先生的生命觀及其未竟之義〉，國際方東美哲學研討會（一九八七年八月臺北市），《方東美先生的哲學》，臺北市，幼獅文化事業公司印行，民國七十八年。

第四章：〈老子、奧古斯丁與海德格思想中的「無」〉，國際東西哲學比較研討會（一九八九年八月臺北市）。

第六章：〈孔子與孟子對天的看法〉，天主教哲學會一九八八年年會（臺北市），《哲學與文化月刊》第十五卷第四期（一九八八年四月）。

第七章：〈洪範的歷史意義與哲學意義〉，國際中國哲學會第五屆國際學術研討會（一九八七年七月，聖地亞哥加州州立大學），英文發表於 *The Asian Journal of Philosophy*, Vol. I, 1, 1987。由黎登鑫譯爲中文，《哲學與文化月刊》第十四卷第九期（一九八七年九月）。

第八章：〈洪範面對非理性或自律的合理性——合理性終極起源的討論〉，國際形上學文化與倫理學術討論會（一九八八年十二月臺北市），余國良譯，《哲學與文化月刊》第十七卷第二期（一九九〇年二月）。

第九章：〈中國知識份子與有神論宗教——一個兩難論證的糾纏與化解〉，宗教教育與中國社會之發展討論會（一九八九年十二月，臺北新莊市輔仁大學）。

第十章：〈從董仲舒、淮南子至王充的「天」與「命」〉，漢代文學與思想學術研討會（一九九〇年六月，臺北市國立政治大學）。

第十一章：〈陰陽合德的哲學評估〉，International Conference of Philosophy on Harmony and Strife（一九八五年三月，香港中文大學），Shu-hsien Liu & R. E. Allinson (ed.), *Harmony and Strife: Contemporary Perspectives*, Hong Kong: The Chinese University Press, 1988. 王靈康譯，《國立政治大學學報》第六十一期（一九九〇年六月）。

第十二章：〈人者陰陽之交、天地之心〉，第十七屆世界哲學會議（一九八三年八月，蒙德里爾），A.-T. Tymieniecka (ed.), *Analecta Husserliana,* Vol. XXI, Dordrecht: D. Reidel Publ. Co., 1986。李永適譯，《哲學與文化月刊》第十七卷第八期（一九九〇年八月）。

第十三章：〈孔子的述古與創新及仁之現代意義〉，《國際孔學會議論文集》，一九八七年十一月，臺北市。

第十五章：〈個人、人際關係與社會〉，國際形上學學會討論會（一九八九年八月香港），《哲學與文化月刊》第十六卷第八期（一九八九年八月）。

讀者也許會發覺，爲了使本書內容有其邏輯連貫性，並使若干題材更清新明瞭，本書已修改了一些題目及小標題的名稱。各章也多多少少作了一些修改和補充。其中第二、三、五、六、十二章尤其接受了不同幅度的增訂。

在結束這篇不算短的序言以前，不妨一述涉及本書書名的一個插曲。一九八八年八月二十日傍晚，我剛抵達英國布來頓，準備參加第十八屆世界哲學會議。臺北去的三位同仁早已抵達，我們一起在走向中國餐廳的一個斜坡路上躑躅。也不知爲什麼，話題扯到那年我剛問世的一本書：《中國人的路》。沈清松教授突然表示意見：「以後再出一本《中國哲學之路》，才是道理。」他的話不過是一時感興。但我當時就暗暗估量：這是一個不差的主意。

最後，我很感激余國良同學替本書做了索引；也願意向上述那些學術會議的倡導者、組織者表示謝意。沒有這些會議的催促，這本書大約不會如此順利產生。

項退結
於仙跡岩下
民國七十九年六月二十日

目次

下編：以天、地、人爲題材之中國哲學思考軌跡

索引

上編：中國哲學之方法論問題

一、中國哲學主導題材與方法論問題

㈠釋義與初步評估

1. 八個主導題材的釋義

民國七十年夏季是我研究中國哲學的一個轉捩點：過去我對中國哲學也曾用心思，但從來沒有教過涉及中國哲學的課；那年夏季我準備於秋季教「先秦儒家哲學」那門課，同時也準備寫〈中國哲學對人的思考〉一文。為了儘可能獲得全面了解，我就先應用馮友蘭的《中國哲學史》以及《中國哲學史資料選輯》，對三千年以來的一些重要文獻做重點巡禮，必要時參考原始著作。為了幫助自己進入情況，每讀到一種文獻，就把它所接觸到的哲學問題歸類一下。這樣研讀結果，終於把三千年以來中國人所特別關切的哲學問題歸納成七個題材，當時稱之爲「主題因素」，即政治、道德、主宰之天、大自然與人事互相感應、萬物根源、萬物與人事的常道（簡稱「常道」），以及天地人一體。

依據我當時的想法，粗淺地把中國哲學與印度及西洋哲學互相比較，就會發現三種哲學的興趣與着眼點不同：例如印度哲學以宗教上的解脫（Moksa）及道德上的規範（Dharma）爲基本興趣與着眼點；西洋哲學以普遍概念、邏輯推理及知識的一再批判爲其特有興趣，與基督宗教接觸後才對上帝與宗教問題非常用功；中國哲學則以上述七個題材爲重心。這裏必須立刻指出，上述三種哲學的區別並不在於某種哲學完全獨霸某種着眼點與題材，而別種哲學對這些題材完全不談或缺乏興趣。沒有比這樣的想法更歪曲事實的了。實則，三種哲學的區別祇在於強調程度上的差異，而在彼此接觸以後，往往會互相吸收。例如，中國傳統哲學雖然並不十分關切宗教問題和邏輯推理，但與印度和西洋哲學接觸之後，現代中國學人往往也很關切甚至熱衷於這些哲學題材。傳統印度哲學雖一貫忽視社會問題，今日的印度哲學也斤斤以此爲要務❹。西洋哲學則除去少數例外，一般而言目下仍蔑視東方哲學，但與中國和印度哲學的接觸面已越來越廣；每二年一次的國際中國哲學會議就是明證。

❹ Raymondo Panikkar, The Vitality and Role of Indian Philosophy Today, in: *The Asian Journal of Philosophy*, Vol. I, No. 2, 1988, 11-12.

方才已提及中國哲學的七個題材。自從民國七十年發表「中國哲學對人的思考」❷以來，我一直保持這七個「主題因素」。但撰寫本文以前，覺得「大自然」（萬物）本身也屬於中國古代哲人思考的興趣範圍以內，因此再加上「大自然」一項，總稱八個「主導題材」。這八個題材中，除去政治與道德以外，其餘六個都需要說明。

所謂「主宰之天」，是沿用馮友蘭天字五義中的第二義。他認爲天字有五義，即一、與地相對的物質之天；二、所謂皇天上帝的主宰之天；三、孟子所云「若夫成功則天也」的命運之天；四、《荀子・天論篇》所說的自然之天；五、《中庸》「天命之謂性」所指宇宙最高原理的義理之天❸。這裏我雖然沿用馮氏所云天字五義的第二義，卻覺得他所舉其他義旨不够深思熟慮，主要是因爲第三與第五義無法獨立，可以歸約於第二與第四義。如果你把「天」釋爲上帝，那末「若夫成功則天也」及「天命之謂性」中的「天」或「天命」，均可指墨子的「天之欲」、「天之意」、「天之命」。這時的「天」可歸約於第二義。馮氏所稱「自然之天」則是把「天」釋爲《荀子・天論篇》所云的「天行有常」及「天有常道矣」（〈天論〉第十七23），非常接近老子「天法道，道法自然」（《道德經》第二十五章）的「道」，也許可稱爲「自然規律之天」。馮氏所云的「宇宙最高原理」或「義理之天」實卽老子的「道」，因此其第五義中「性」「天」二

❷ 《哲學與文化月刊》第八卷第十至十二期（民國七十年十至十二月）。

❸ 馮友蘭，《中國哲學史》上册，香港，中國圖書公司，民國四十八年，頁五五。

字與第四義重疊。這樣，天字五義已約化爲三義，卽一、眼可見的蒼蒼者天，二、與上帝同義；三、自然規律。至於牟宗三先生所云轉變成「形上實體」的「天」或「天道」，一方面頗與荀子所云「天行有常」的自然規律接近，另一方面也相似《道德經》中萬物賴以滋生而具創生力的道（《道德經》第四十二章）❹。天字的這一意義似乎可於《中庸》與《易傳》中見之；但在更早的儒家典籍中就找不到依據。這一意義的「天」可視爲另外獨立的一種意義。這一意義的「天」或「生生之德」可與「主宰之天」並存❺。不消說，物質之天與自然規律本來亦可與主宰之天並存。

「大自然與人事互相感應」這一主題可於古人重視卜筮一事見其端倪。甲骨文與《尚書》都證明，中國古人相信大自然的某些跡象可讓人卜知未來的吉凶。此外，大自然現象既與人的禍福有關。人的行爲（尤其是帝王的行爲）也影響到天地萬物，這是中國各時代典籍一再提及的信念。

除去與人事有關以外，大自然本身也受到中國傳統哲學的關注。八卦一開始就由天、地、風、雷、水、火、山、澤組成，它們都是最爲人熟知的大自然現象。大自然也往往習於被稱爲萬

❹ 牟宗三，《中國哲學的特質》，香港，人生出版社，民國五十二年，頁三四、三七、三八、四一。

❺ 項退結，〈「一體之仁」的意含及其對基督徒的意義〉，《哲學與文化月刊》第十五卷第八期（民國七十七年八月），頁五二三。

物。整個宇宙約化爲天、地、人三才時，萬物被視爲由天地所生。

「萬物與人事的常道」這一主題在《尚書》與道家著作中都一再受到強調。《論語》僅言人道而不言萬物之道或天道。荀子則強調「天行有常」，並肯定「天有常道矣，地有常數矣」（〈天論〉第十七23）。人事與萬物均遵循某些不變的恒久規律，不隨人或事而異，這一信念也是中國哲學的常數之一。

「萬物根源」是指對萬有起源的追究。中國哲學典籍中討論這個題材最徹底的無疑地要推《道德經》與《莊子》。不消說，《易傳》也非常關切這個問題。宋代理學家說太極動而生陽，靜而生陰，再由陰陽變化而生水火木金土及其他（朱熹《近思錄》卷之一），則顯然由《易傳》引伸而來。

「天地人一體」的說法在《尚書》、《詩經》甚至《論語》中都毫無踪跡，但在《莊子》一書卻突然言之（〈齊物論〉第二52：「天地與我並生，而萬物與我爲一」）。這以後此項主題顯然已深入人心，宋明理學「一體之仁」的說法卽係明證，儘管已加入了儒家因素。

上面已約略指出，八個主題並不在同一時代首先出現，也未必在各時代都獲得同樣的重視。但它們都是原創的，亦卽並非得自外來影響；大體而言，它們在傳統中國哲學處於主導地位。這也就是我之所以稱它們爲「主導題材」的理由。

但它們都呈現在前漢的一些著作中，如《禮記》中

2.方法論上的初步評估

〈中國哲學對人的思考〉一文（民國七十年）已經說明了上述主導題材在方法論上的應用，那就是某些主導題材最初僅屬於道家思想，後代儒家著作則完全吸收了這些題材和看法，儘管它們和早期儒家的基本看法背道而馳。透過主導題材的分析，可以說明戰國時代的儒家是早期儒家思想與道家思想的混合或綜合。現代學者由於習於以戰國以後的儒家思想爲正統，並且對之完全認同，因此往往容易曲解早期儒家典籍的原意。凡此一切，下面均將詳細發揮，這裏僅指出而已。

應用某些主導題材藉以評斷某些著作的性質，有些像把它們當作試金石。應用這一方法最明顯的成效，格外可於《易傳》見之。下文將述及、分析《易傳》主導題材所獲的結論和考據學家的結論若合符節。如所週知，顧頡剛編的《古史辨》第三冊上編多半都是考據《易傳》的時代及源流。

在一次家庭式的研討會中，一位朋友批評八個主題並不屬於同一層面：萬物根源、常道、主宰之天三個主題應屬於最高層面，因爲涉及實在界整體；政治與道德祇適用於人類；大自然（萬物）、大自然與人事互相感應、天地人一體三主題則處於中間層面。就邏輯分類的觀點視之，這

一批評頗爲正確。但我們在這裏並不着眼於替八個主導題材做邏輯分類，而僅藉觀察所得，後起地把中國哲學中各時代的共同題材歸納在一起，以便於比較而已。也有人以爲「大自然與人事的互相感應」及「天地人一體」二題材意義大同小異。其實這是二種不同的信念：一種認爲大自然現象與人事之間有某種特殊的聯繫，另一種則是肯定天地人與萬物都形成一體。後者可能作爲前者的原因：因爲一切既是一體，大自然與人事之間會出現某種聯繫，也就很容易了解。但實際上，前一主題出現於中國古代典籍時，「天地人一體」這一主題尚未出現，因此明顯地是二種不同主題。

自從〈中國哲學對人的思考〉一文於民國七十年以嘗試方式提出七個「主題因素」以來，翌年我在《人之哲學》書中對之曾作修改，但基本觀點保存不變；直到最近才改成八個主導題材。從開始到現在，我一直把這一構想視爲方法上的假定，它之能否成立決定於能否替中國哲學中的史實及確實資料提供互相連貫的解釋，並能否和可靠的考證結果相符。八年以來的嘗試結果，足徵中國哲學有一些主導題材的想法不但禁得起時間的考驗，而且可能對中國哲學的研究不無少補。

3.八個主題尚可歸結於天、人、大自然與道

附帶願指出一件頗饒興味的事，那就是上述八個主導題材大致與《國語》所記載的「天、地、神、民、類物」五種職司相符❻。「天」可指「主宰之天」，「天地」也往往指「萬物根源」；「神」通常指「百神」，包括已亡故的祖先；「民」包括了「政治」與「道德」；「類物」則接近「大自然」。〈說卦〉所云天、地、人三才，則可以說是「天、地、神、民、類物」的進一步約化。事實上《易傳》中的「天」仍未完全放棄「主宰之天」，同時也指「百神」；「天地」又指萬物根源及天地之間的萬物（大自然）；不消說，「人」包括了人形成的政治與道德問題。然而，無論是「天、地、神、民、類物」或「天、地、人」都沒有包括「常道」這一主題，因此必須加上常道才和八個主導題材大致相符。

(二)八個主導題材在方法上的應用

1. 把主導題材作為試金石的方法

一如上文所已提及，歸納出八個主導題材以後，我立刻發覺，最早期的文獻中（甲骨文）以主宰之天與大自然這二主題為主；《詩》、《書》已擴充到政治、道德、主宰之天、大自然、常

❻《天聖明道本國語》，臺北，藝文印書館，民國六十三年，頁四〇二。

道、大自然與人事互相感應六個主題；《論語》與《墨子》僅取其中五個主題，卽政治、道德、主宰之天、大自然、大自然與人事互相感應，而未發揮大自然常道思想（政治與道德二主題僅限於人事常道）；道家典籍則表示出對道德、政治、大自然、大自然與人事的常道、宇宙根源、天地人一體這六個主題的興趣，而忽視大自然與人事互相感應及主宰之天二個主題。

何以會在主導題材上出現這些差異？誠然，最早期文獻甲骨文的性質特殊，而且資料非常有限，所以祇有二個題材不足爲怪。值得尋味的是《詩》、《書》中已有六個題材，而《論語》與《墨子》二書所未發揮的常道這一題材，卻正是道家最關切的問題，並由此推衍出宇宙根源與天地人合一另外兩個題材。後者這三個題材是否可視爲儒墨與道家的試金石或分界呢？這也正是〈中國哲學對人的思考〉一文中的最重要假定。此文中我格外關心的是儒墨道三學派彼此的關係。如所週知，《呂氏春秋》稱孔子與墨子「無爵位以顯人，無賞祿以利人，舉天下之顯榮者必稱此二士也。皆死久矣，從屬彌眾，弟子彌豐，充滿天下」❼。《韓非子．顯學篇》一開始就說：「世之顯學，儒墨也」❽。可見戰國時代儒墨二家的盛況。然而這二學派開始時都沒有發揮常道思想。所以一遭遇到戰國時代開始流行的道家思想，就發生危機。結果，當時的儒家巨子荀卿吸收了道家的三個題材之二，卽常道與宇宙根源，而幾乎放棄了主宰之天❾；反之，墨家卻似乎堅持

---

❼ 許維遹編撰，《呂氏春秋集釋》，臺北，世界書局，民國六十四年（卷二〈仲春紀．當染篇〉，頁一六）。

❽ 王先愼編撰，《韓非子集解》，臺北，世界書局，民國五十年（〈顯學〉第五十，頁三五一）。

❾ 項退結，《中國人的路》，臺北，東大圖書公司，民國七十七年，頁三二一—三六。

主宰之天統制一切的想法，而並未吸收常道等題材。正因此，墨家思想逐漸被摒絕於上層知識份子以外；一如王充所說的，墨家思想「雖得愚民之欲，不合知者之心，……此蓋墨術所以不傳也」⑩。反之，儒家卻因爲善於吸收而獲得新的活力。

荀子吸收道家思想的方針如下：一方面接受道家的形上學，承認宇宙間一切起源於「陰陽之化」（〈天論〉第十七29、32），並遵循自然常道；另一方面又採取儒家積極參預世事的淑世主義，利用自然常道來促進人世福祉（「制天命而用之」：〈天論〉第十七44），而不贊成道家的清靜無爲。荀子既接受道家有關宇宙根源的形上學，因此他的「天」僅能生物而不能辨物（〈禮論〉第十九68）。荀子與道家之所以不再正視有知的天，大約是由於對主宰之天喪失信心所致。因爲根據一般的想法，主宰之天是賞善罰惡的，然而實際上忠信而有智慧的人未必有好的下場，例如王子比干被剖心，關龍逢受刑，孔子被拘於匡（〈堯問〉第三十二35）。道家所云的自然常道正好提供看去似乎更合理的解釋：大自然與人世間的事都由常道常理所左右，順之者存，逆之者亡，根本用不到有知的上帝來管理。道家的道既被認爲足以對宇宙根源與常道兩個基本問題提供滿意的答案，主宰之天的信念遂逐漸在知識份子思想中被取代。

荀子融合儒與道的方式卻並非唯一途徑。中國早期思想家在〈洪範〉中早已提出了很美滿的

---

⑩ 王充，《論衡》，臺北，臺灣中華書局，民國七十年（卷二十三〈薄葬篇〉，頁五）。

另一種解答。我本人在兩篇有關〈洪範〉的文章中指出，〈洪範〉之所以肯定人事與大自然各有其恒常的大規（相當於道家的道），而一切規範最後均由天或帝所制訂，是有其充分理由的⓫。是的，《論語》、《孟子》和《墨子》三書均未充分發揮〈洪範〉所云天帝與常道的關係。結果使荀子相信道家提供了唯一可信的答案而接受道家的形上學，並使二千二百多年以來的儒家都奉道家形上學爲正宗。但就事論事，自然常道思想本來大可與主宰之天的信念並存，二者絕非互相納鑿。

由於儒家在戰國時代經過了這麼重大的轉變，所以我不能同意方東美先生把孔孟荀一概稱爲「原始儒家」⓬，而主張把相信主宰之天的孔孟稱爲「早期儒家」，而稱《荀子》、《易傳》與宋明理學爲「與道融合的儒家」。當然，宋明理學除融合儒家與道家以外，還融合了佛學思想。我之所以作這一區分，是因爲《荀子》、《易傳》與宋明理學在融合道家形上學這點上是一致的，與早期儒家判然不同。

上述這些結論均應溯源於本文所討論的八個主導題材的不同分佈，也就是早期儒家僅有五個主導題材，道家恰好發揮了儒家所未發揮的三個主導題材，而放棄早期儒家所重視的主宰之天及

⓫ 項退結，〈洪範的歷史意義與哲學意義〉，《哲學與文化月刊》第十四卷第九期（民國七十六年九月），頁五七八—五八五。另一篇在民國七十七年十二月臺北國際形上學會議宣讀，尚未付印。

⓬ 方東美，《方東美先生演講集》，臺北，黎明文化事業股份有限公司，民國六十八年再版，頁一一五。

大自然與人事互相感應二個題材。荀子思想則不但吸收了道家發揮最多的自然常道與宇宙根源二個題材，而且也跟隨着道家忽視主宰之天的題材。這樣根本的變化不可能來自早期儒家，因爲它根本沒有發揮自然常道與宇宙根源二個題材；荀子則不但發揮這兩個題材，而且應用的語調亦與道家相類，顯然受後者影響。《易傳》更兼收並蓄，綜合了八個主導題材及思想內容的全部⑬；宋明理學除發揮《易傳》思想以外，尙融合了佛學思想的一部份。這一來，八個主導題材的確發揮了試金石的功能，足以區分早期儒家和「與道融合的儒家」。未對主導題材作分析，就不容易明確認清本身相當明顯的這件事實。

2. 這項方法應用於《易傳》的實例

現在讓我們對《易傳》這部著作稍作審察。《易傳》在儒家典籍中的特點，在於它首次融合了中國哲學八個主導題材及全部思想內容。《易傳》中討論政治與道德問題，這簡直觸目皆是。它也不斷提及日月與萬物，表示出對大自然的關切。《易傳》又以天象作爲人事吉凶的表徵，充分顯示中國人一向的信念，認爲大自然與人事互相感應。

《易傳》又以人主動的方式談天地人合一的關係，〈乾卦文言〉表示：「夫大人者與天地合

⑬ 項退結，《人之哲學》，臺北，中央文物供應社，民國七十一年，第六章，頁一五九—一六三。

其德」，就是實例。

上述五個主導題材以外，《易傳》又包括萬物根源，自然常道及主宰之天三個題材，這是最饒興味的一件事，因爲它融合了中國哲學八個題材的全部，尤其融合了早期儒家與道家分別所關切的問題。《易傳》一再用「自天祐之」、「天之命也」等句，天字作這樣的用法應該指主宰之天。《易傳》又主張天地。陰陽合德爲宇宙萬物的最高源根，同時把大自然與人事的常道首次分列爲「天道」、「人道」、「地道」（〈繫辭〉下8）。既包括道家的自然之道，更充分強調儒家的「人道」，同時也不排斥「天道」可能有「天之命」的含義。

上文也曾指出，《詩》、《書》與早期儒家的主宰之天在荀子思想中已不受重視，其地位已爲道家的道所取代：道同時是萬物的根源與常規。早期儒家僅言主宰之天及人道而不言天道與萬物之道，道家則僅言道而幾乎不言主宰之天。由於大家對主宰之天無形中都持過份擬人化的想法，以爲祂憑一時喜怒直接干預世事，因此一經接受自然之道的信念以後，對主宰之天的信心就逐漸淡化，終至消失。根據錢穆的看法，《易傳》中的天只屬於自然界，與孔孟「有意志有人格」的天格格不入[14]。事實上，錢穆所引用〈繫辭〉的話的確是指自然界的「法象」，但上文也曾指出，《易傳》中也有一些句子很明顯把天視爲神明，能對人發佈命令，並能對人採保護的行

[14] 錢穆，〈論十翼非孔子作〉，《古史辨》第三冊上編，臺北，明倫出版社，民國五十九年，頁九二一。

動。因此天為依自然規律運行的大自然及天為主宰二種含義在《易傳》中均能找到，卻沒有經過〈洪範〉那樣前後連貫的反省。上文已經指出，〈洪範〉一方面肯定人事與大自然各有其恒常而獨立的大規（自然規律），但這些規律最後均由天或帝所制定。經過這樣的反省，天為大自然及天為主宰二層意義就能作邏輯的整合。然而，《易傳》中卻找不到類似〈洪範〉的反省。這究竟是怎麼一回事？

這一問題僅能從考據工作獲得答案。依據顧頡剛編的《古史辨》第三冊上編對《周易》的考證，《易傳》中各部份大約是在不同時代由不同的人執筆。〈彖傳〉較早，〈象傳〉較晚，後者尤其與儒家思想接近。〈繫辭〉與〈文言〉更晚，甚至可能在漢武帝以後。〈說卦〉、〈序卦〉、〈雜卦〉則可能在東漢時⑮。方東美先生卻從司馬遷對《周易》傳授的詳細記載⑯而相信《易傳》是由商瞿子木等的集體創作，是由孔子的直傳、再傳或三傳弟子執筆⑰。這兩種見解本來可互相補充；因為方東美先生在另一處也承認，易學由魯一變至於齊，夾雜了方士與陰陽家的思想，到了漢代則變成術士之學⑱。總之，大家都一致承認，《易傳》是集體創作。達到這個結論以後，我們就不難瞭解，《易傳》各部份思想未必完全一致；可以想見，商瞿的思想傳至第五代

---

⑮ 同右書，頁一〇五—一三二。據云大陸古墓中發掘的《易傳》足以證明它已於戰國時完成。可惜我尚無由查證。

⑯ 司馬遷，《史記》卷六七，頁一四；；卷一百三十，頁七，上海，中華書局。

⑰ 《方東美先生演講集》，頁一四〇—一。

⑱ 同書，頁一六七—八。

第六代齊人，中間就會發生許多來源不同的影響。大約離孔子時代不遠的思想家相信主宰之天，寫下了「自天祐之」、「天之命也」等句；後代的執筆者可能寫下「法象莫大乎天地」（〈繫辭〉上11）等句。這樣，《易傳》中含有前後不一致的思想，就不是什麼稀奇的事。

㈢應用主導題材作爲試金石的方法與現代詮釋學

1.主導題材方法的客觀性

上文曾指出，把主導題材作爲試金石，這一方法是由於八個題材在不同學派的不同分佈這件事實領會出來。八個題材本身是由三千餘年的原始資料歸納而得，它們在各時代各學派的不同分佈也彰然在人耳目。

這裏我僅願把應用主導題材這一方法與另二種方法作一比較。其一是勞思光先生的「基源問題研究法」，其重點如下：第一，「一切個人或學派的思想理論，根本上必是對某一問題的答覆或解答。我們如找到了這個問題，我們卽可以掌握這一部份理論的總脈絡」；第二，「將各時代的基源問題排列起來，原卽可以發現整個哲學史上的理論趨勢，但這仍不足以提供一種全面判斷的理論根據」；第三、「要作全面判斷，並對哲學思想的進程及趨向作一種估價，則必須提出一套『設準』」⑲。

仔細研讀勞思光《中國哲學史》的〈序言〉，就會發現他所云的「基源問題」最後決定於他個人認定的「設準」。勞先生所認定的「設準」究竟是什麼呢？《中國哲學史》對此並無清楚的答案。但第一章討論中國古代思想及第二章討論孔子時，似乎露出了一些蛛絲馬跡，亦卽認爲中國文化精神的特性在於「人文精神」，也就是生命基本責任「不在人神之間，亦不在人物之間，而在人與人之間；此卽孔子之人倫觀念；擴而充之，卽成爲一文化意義歷史觀念」⑳。

無論勞氏的上述認定是否準確，但以一些認定的設準爲出發點，這樣的方法就不很客觀。有了先入爲主的「設準」而未加證實，卽使應用「史學考證爲助力」，仍容易曲解或歪曲原典的意義。試舉一例：勞先生剖釋「上天之載，無聲無臭」（《詩經・大雅・文王之什文王篇》）二句時，以爲「無聲無臭卽表無意願性」，無形中似乎受了他的「中國文化精神在於人文精神」這一「設準」的歪曲。由於他認定中國人文精神應排除人神之間的關係，所以「無聲無臭」被詮釋成「無意願性」，儘管這一說法與同篇中「文王陟降，在帝左右」、「上帝既命，侯于周服」、「殷之未喪師，克配上帝。宜鑒于殷，駿命不易」等句無法並存㉑。何況「無聲無臭」一語本身祇

⑲ 勞思光，《中國哲學史㈠》，臺北，三民書局，民國七十年，頁一四—一七。
⑳ 同書，頁二二—二三、九〇。
㉑ 同書，頁一五、二八。

表示與感覺世界無涉，邏輯上與有無意願毫不相涉，如何可作「卽表無意願性」的推論？

乘便亦願討論一下應用西洋哲學中非常專門的術語來說明中國哲學思想的方法。例如沈清松應用胡塞爾「先驗自我」（Transcendental Ego）一詞，藉以詮釋《莊子》的眞君、眞宰、靈台或靈府。過去我曾口頭上表示意見，似乎不如文字的表達更明朗。沈氏清楚指出「先驗自我」應用於《莊子》具存有學上的地位，乃一切經驗構成的根源與動力，因此他之應用胡塞爾此語，已不限於知識論的意義㉒。問題卻在於「先驗自我」的原義很難讓人完全擺脫胡塞爾的知識論乃至傳統心理哲學的自我，而《莊子》的眞君、眞宰、靈台、靈府所表達的自我意識若有若無，原來卻是「旡生、旡形、旡氣」（〈至樂〉第十八17），與西洋哲學知識論與形上學中「自我」的意義均大相逕庭。

沈氏又曾用海德格的「存有學差異」這一術語，作爲亞里斯多德與老子形上思想的比較尺度㉓。拙著《海德格》一書中已指出，海氏的「存有學區分」（卽「存有學差異」）並不基於邏輯思考，與徹底應用邏輯思考的亞奎那所云「存有本身」與「存有者」之間的區別迥然不同㉔。沈

㉒ 沈清松，〈莊子論自我之構成——方東美的註釋及其開展〉，國際方東美哲學研討會，民國七十六年八月十六—十八日。

㉓ 沈清松，〈老子的形上思想〉，《哲學與文化月刊》第十五卷第十二期（民國七十七年十二月），頁八一四—五。

㉔ 項退結，《海德格》，臺北，東大圖書公司，民國七十八年，頁一九二—一九八。

氏在批評亞里斯多德未注意此項「差異」時，顯然以亞奎那爲依據㉕。但他又不加任何解釋隨時轉身到海德格，似乎二者意義一致。再把意義如此分歧不清的這一術語，應用到老子所云道與萬物的關係。

從方法論的觀點而言，諸如這一類應用西洋哲學中意義非常專門的術語，對中國哲學思想的澄清似乎幫不了大忙。因爲二者的着眼點與討論題材太懸殊，很不容易湊在一起。原則上我並不反對研究中國哲學時與西洋哲學的某些問題和概念進行比較，但太專門的術語當作別論。

反之，八個主導題材並不來自任何認定，也不應用外來的術語，而是由三千年的文獻直接歸納而得，應用八個題材作爲試金石時，也並沒有一開始就認定某些題材重要，某些題材不重要，而完全聽憑文獻所提供的客觀事實來引導。

2. 這一方法與現代詮釋學不謀而合

經由高達美（Hans-Georg Gadamer）所發展的現代詮釋學理論非常重視海德格所云理解的先起結構（Vorhabe, Vorsicht, Vorgriff），這是每個人由文化背景及個人條件而來的固有想法和立場，正如同每個人不可避免地有其地域性限制與出發點一般。然而這一類先起理解在跟別

㉕ 沈清松，《物理之後——形上學的發展》，臺北，牛頓出版社，民國七十六年，頁一三七。

人及文獻接觸以後，逐漸會被更適當的見解所取代。一如高達美所云，我們會理解自己的有限見地而克服成見，狹隘的視域會向更廣的視域開放，而詮釋的任務與過程正在於不斷地溶會各種不同的視域㉖。

中國哲學思想史也正如同西洋哲學思想史一般，是一個不斷溶會、擴大視域的努力與過程。早期儒家的五個題材與道家的題材經由荀子而融會貫通，就是不同視域溶合的最典型實例，因爲是把道家的常道形上學與儒家的入世及淑世主義融合在一起。《易傳》集合八個主導題材，表面上似乎比荀子做得更徹底，但因爲是不同時代不同作者的彙合，本身缺乏邏輯的一致性，比較接近混合，而未必是視線的眞正溶會。

應用主導題材的不同分佈去判別道家、早期儒家以及與道融合的儒家，這一方法雖然與現代詮釋學不謀而合，卻仍有其特殊功能。至於它是否眞能站得住腳，還是讓時間來繼續考驗吧！

(四)八個主導題材與現代中國

1. 現代中國哲學與現代中國

㉖ Hans-Georg Gadamer, *Truth and Method*, London: Sheed & Ward, 1975, 236, 238, 269-273.

目前中國大陸自從鄧小平決定採開放政策以來，經過三十餘年封閉的學術界與思想界慢慢又蓬勃起來。在這一情況之下，根據法新社的一則訪問報告，中國大陸名作家白樺和王若望，以及名氣最大的民主運動人士方勵之均明白指出，馬列主義和毛澤東思想雖然仍是中國大陸官方意識形態的主幹，卻已然成爲明日黃花。方勵之肯定：「中共領導人甚至比人民更早對馬克思失去信心。對他們而言，唯一的準繩就是權力」㉗。在這一青黃不接的情況之下，中國學術界與思想界同時向中國傳統與現代西方思想求援。目下的情況似乎西化的潮流佔優勢。但問題卻在於現代的西洋哲學本身失去自信，本身在摸索中。

令人惋惜的是，臺灣地區的大部份學術界人士仍停留在五四運動時代的科學實證主義，以爲實證科學可以解決一切問題；哲學最多在大學各系所中聊備一格，實際上可有可無。科學教育的大力推動之下，臺灣地區經濟發展誠足以令全世界注目，但精神生活並未跟著充實，思想方面大多呈現迷失狀態，治安與社會問題遂日趨嚴重。以復興傳統中國爲目的之「文化復興運動」並未發生深刻影響，社會大眾大多以日本與美國的風氣爲依歸，幾乎喪失了泱泱文化古國的獨立精神與自尊心。

儘管如此，中國哲學界卻絕沒有妄自菲薄的理由。事實勝於雄辯，現代中國是現代中國哲學

㉗《聯合報》民國七十八年二月十三日第九版。

的產物：清末哲學思想的革新引發了民國的產生，五四運動以後馬克思哲學爲大多知識份子所接受而使中國大陸赤化㉘。這裏我將儘力說明，中國傳統哲學的八個主導題材實際上仍在海峽兩岸中國人思想中佔主導地位，因此仍值得而且必須繼續獲得應有的發展。

2. 八個主導題材對海峽兩岸的現實意義

政治問題在中國古代文獻中佔極大比重；目下在兩岸報刊中仍然如此。現代中國哲學界必須對政治問題在傳統與西方哲學的基礎上作進一步的發揮；同時也必須讓全國人認清，孟子所云「徒法不能以自行」一語的準確性；普遍守法精神是政治正常化的不二法門，但道德卻是守法的必經之途。沒有道德爲基礎，法律勢必一味仗恃刑與賞而漏洞百出。因此道德問題仍甚重要。

主宰之天與宇宙根源的問題，中國哲學界目下很少認眞討論，大多是先入爲主採取無神論或不可知論的立場；但極大多數相信民間宗教的老百姓都崇拜一位上天的「老天爺」。我個人主張，老百姓和學術界在宗教問題上完全脫節的現象並不健全：主宰之天與宇宙根源在哲學上本來就是重要問題，而且與人存在抉擇的關係非常密切，對道德意識的關係尤其密切。中國哲學界實宜打破五四以來的成見，不再對之抱不屑一顧的心態。上述二題材的澄清也有助於對人事與大自

㉘ 項退結，《現代中國與形上學》，臺北，黎明文化事業公司，民國六十七年，頁一八—三二。

然互相感應關係這題材採理性態度。目下即使是高級知識份子，對於大自然與人事間的玄妙影響力也往往抱「寧可信其有，不可信其無」的基於恐懼的非理性態度（臺灣地區知識份子也大多信算命㉙），卻又沒有勇氣面對和這題材有關的上述二題材作深入探究。

留下的其餘三題材是大自然、人事與大自然的常道、天地人一體。今日的自然科學與科學哲學都研討大自然的各種問題，因此它在今日不怕沒有人注意。人事的常道是社會科學或人之科學的研究課題，大自然常道則有自然科學來研究。馬克思主義者尚相信世間一切均由辯證法的普遍規律所統攝。因此，世間有人事與大自然的常道，可以說是現代中國人的最大共識。最後，「天地人一體」的題材在十餘年前可能有人目之爲不切時宜，但在全世界環境意識高張的八十年代及已來臨的九十年代，天地人和諧一體的想法將成爲人類生存的關鍵問題。我們甚至還可以說，「天」、「地」、「人」總括了八個主題的全部：人包括政治與道德二個主題，天以其各種不同意義包括主宰之天、宇宙根源及常道三個主題，天與地一起傳統地包括天地間的大自然整體。天地人三者以何種意義及如何成爲一體，則自成一個哲學問題，非常值得深入研究。這裏願一提我個人對天地人藉彼此聯繫的不同階層生命而成爲一體的看法㉚，以供參考。

㉙《張老師月刊》，第十四卷第五期（七十三年十一月），頁四一—五五。校對期間，根據《聯合報》八十年一月六日報導（第二十三版），這陣子，算命、燒香的人似乎特別多，其中熱中算命的人不乏知識分子，政治人物也並不例外。

㉚項退結，《「一體之仁」的意含及其對基督徒的意義》，頁五一九—五二一；《人之哲學》，頁六六—七四。

3. 常道與天、人、大自然的關係

方才已提及，相信人事與大自然均有其常道，是今日中國人的最大共識。今日中國人的最大期望莫過於使中國各不同層面均能依常道作正常發展。然而，常道和天、人、大自然之間究竟關係如何呢？這問題實導源於人對常道究應採何種態度的基本問題，因爲人對天與大自然的看法，必然影響到他對常道的態度。因此人本身仍處於中心地位。試以這一角度申述我對中國哲學當前發展的展望。

大自然與自然常道之間完全是必然發生的關係，大自然對常道別無選擇餘地。問題僅在於人是否能確切認知大自然的常道，並對之作合乎理性的應用。

天與自然常道的關係卻有兩種完全不同的可能性。天本身可能被視爲創生不已的自然力及自然常道，這時它和自然常道就不可分。人必須依常道行事，否則會自食惡果。天如果是創生不已的自然力量及自然常道的超越的具位格性的根源，那末天與自然常道就有區別。人不但爲了自己的利害關係必須依常道行事，尙須對上天的命令及所加的使命負起責任。

對天的不同看法顯然決定人對常道的兩種不同態度。一種是荀子所云「制天命而用之」的科學的實際態度。另一種除科學態度以外，尙對天之命持宗教敬意，這二種態度本來就並行不悖。

以中國目下道德已成眞空的情況而言，這一態度的培養實有助於道德力量的培養。一如海森堡(W. Heisenberg)所云，科學需要人對宇宙整體看法之助，這一整體看法本身具宗教意義㉛。五四時代的人對海氏的見解完全無法理解。但即使在大陸的哲學界，也有部份人士開始揚棄五四時代的過激㉜。當然，並非每個人都能體會到宗教意識。但每個人都必須讓別人有另一種體會的自由。無論你持何種態度，對人事與大自然的常道之絕對尊重是中國哲學未來發展的坦途。

天、人、大自然之間的諧和關係既繫於人所持的態度，因此今日的中國哲學必須讓每個人體會到一己視域的侷限性，努力與別人的視域作更廣泛的溶會，並從自然科學、政治、道德各層面去實現人事與大自然各層面的常道常規，尤其培育出眞正的法治。唯有這樣，每樣事物才會依其本性及固有的常道展現，而不再聽憑權力人士操縱；也唯有這樣，特權政治始能消失於無形，人與人之間才會有眞實的公正與平等。

然而，要使哲學發生實際效力，方法論的開濶與嚴正卻是必經之途。

㉛ 海森堡，〈科學眞理和宗教眞理〉，孫志文主編：《人與宗教》，臺北，聯經出版事業公司，民國七十一年，頁一三一一三六。

㉜ 劉小楓，《拯救與逍遙》，上海，上海人民出版社，一九八八年，頁五一六、五二八一九、五三五一六。

二、中國哲學思考的現實性與存在性

㈠面對過去投向未來

身爲人，我們具有思考的稟賦，因而也能藉思考而在生命途中採取方向。在歷史過程中，曾經有希臘、印度及中國三大思想淵源。中國哲學思考如同其他的思想淵源一樣，面臨了時間中的存在處境，並受其促發而必須對生命中的具體問題提出解答。在此故意採用「中國哲學思考」一詞以代替「中國哲學」，目的在於避免令人將它想成無血肉且與眞實生活脫節之弊。以往中國思想曾受印度之影響而充實內容，晚近這情形則因西方之影響而更盛。回顧源遠流長的歷史路程，我們或許會將中國哲學視爲不合時宜而應歸入考古學範圍中的東西。事實上，中國哲學的代表人物也往往過份認同於某種過去的思想型態，如：道家、儒家、佛家等。正因爲上述這些哲學立場對中國人心靈的影響極其深遠，所以這種情形也不難理解。然而，要使中國哲學思考既能順應時代潮流，而又和我們息息相關，我們應當避免以下二種極端的態度：其一是認爲中國哲學毫不關涉現代生活；其二是將中國哲學等同於某些古代的思想模式。每個人有持續至今的過去，又必須投向未來。海德格把人的這二個特性稱爲「現實性」與「存在性」。「現實性」在海德格的詞彙裏指每一獨特個人（以後簡稱「此有」）被投擲(Geworfenheit)的經驗，或吾人的「已是」情況（但「已是」並非指已過去的陳跡）❶；「存在性」一詞則指每個人替自己投設他未來去向的特性❷。此二種經驗是交織在一起的，海德格以他特有的深度道出：「此有現實性地存在❸。」換言之，此有是「被擲入那稱之爲投設的存有中❹。」這句話看來不易理解，但它切入道出了我們日常的經驗。我們的的確確體認到自身之所以爲人，以及日常的無數經歷，都是由於被投擲所致，完全沒有經過自己的同意或是自己的任何作爲，海德格稱此狀態爲現實性。同時我們也體驗到這被投擲的我正不斷地投向未來的自己，替未來的事設定自己。事實上只有未來的事物才對我們有意義而重要，尤其是正要發生的眼面前的未來。一如沙特所言，我們過去的某些特點之所以

---

❶ Martin Heidegger, *Sein u. Zeit*, Tübingen: Max Niemeyer, 1957 (achte unveränderte Auflage), S. 328.

❷ 同書，頁一九二。

❸ 同書，頁五六、一三五、一四五、一九一—二、二七六。

❹ 同書，頁一四五。

被有意或無意地強調，是因爲它們幫助我們獲致未來的事物❺。這也正是存在性所指的意義。

我們且言歸正傳，回到中國哲學思考的問題。身爲中國人，我們生在此特有的歷史、文化及思考方式裏，無論喜歡或不喜歡，都已被投擲在「已是」的因素中，此因素曾經是，並且依然是我們的一部分。但在回頭體驗此現實性的同時，我們也轉眼向前，將自己投向未來。這兩種處境密切地交織在一起：正因爲某些現實的已是狀態在我們之內發生作用，所以我們傾向於某些特定的方向；另一方面，也正因爲我們以某些特定的方式替自己投設，所以會格外地注意現實性中的某些事物。把上述情況貼合到我們對待哲學思想的態度，那末我們中國人（別的民族亦然）對待文化遺產的態度，可以說從未與實際生活脫離關係。我們對文化遺產的態度或多或少地植基於自己的存在抉擇上。亦卽，沒有人能以超然的立場來詮釋文化遺產，每個人都必須意識到己身所持的態度（海德格認爲這由投設而來的態度本身就是一種詮釋），並意識到荀子在〈解蔽篇〉所提出的諸「蔽」❻。這也就是說，我們必須在知道過去之影響的情形下，一方面力求對文化遺產的透徹理解；而另一方面對過去有關此遺產之瞭解具有批判精神，且還能洞察它對解決今日問題的時代意義而對之採取正面或反面的存在抉擇。

---

❺ Jean-Paul Sartre, *L'être et le néant*, Paris: Gallimard, 1934, pp. 510–1, 552–5.

❻《荀子引得》（哈佛燕京學社），臺北市，成文出版社影印，民國五十五年，〈解蔽〉第二十一。

(二)中國哲學來自過去的影響

中國哲學思考有三個基本特性：一、儒道二家相互交織而成的主流地位。二、基本上的實踐傾向。三、印度與西洋哲學的衝擊。

1.儒道二家相互交織的主流地位

林語堂曾說中國讀書人在得意的時候是儒家，失意的時候，他就成了道家。說得詼諧且有幾分道理，但卻未能更深入地道出儒道二家在中國歷史中的密切關係。如果我們細讀司馬遷《史記》的〈太史公自序〉，就會注意到作者的父親，那自稱爲屬於道家的司馬談，如何將含儒家禮教在內的五家學說精華揉合在他的道家信念裏。儒家的學者們也常採取這樣的揉合，而且在歷史上的意義還更重要些。譬如，如衆所週知，自漢武帝以降，士人儘管在思想中已揉入大量的道家與法家成份，然而卻多以儒者自許，至少在名義上還自稱儒家。

儒家思想兩千五百年來，經歷了多次形上見解的變遷，但其政治與道德思想卻大致沒有變動。事實上兩千五百年來，儒家一貫秉持著對社會乃至於對全宇宙的使命感，但這並不表示它的形上見解也如一般人所認爲的一貫相傳。事實上卻正巧相反。孔子自稱述而不作，信而好古❼，事實上也的確如此：他雖然敬鬼神而遠之且不語怪力亂神❽，然而他還是繼承了《書經》及《詩經》裏將天視作超越主宰之信仰。這個看法，錢穆、馮友蘭、李鏡池以及楊寬等無偏見的學者也都贊成❾，因此和基督徒毫無關係。李杜教授把《論語》中含有「天」字的十五段章句全數列出，明確地指出孔子對天的信仰；他的結論是：孔子所信仰的天是有知有意的，並且是禱告的對象。而朱熹將天詮釋爲理，是表達自己的見解，有違於孔子的原意❿。孟子則承接了孔子的信仰：他相信天有接受或否決推薦的能力，也有能力將天下授與賢者⓫。

孟子生在戰國初期（前四〇三—二二一）。當時社會倫常日趨混亂，尤其是相信至高上帝能賞善罰惡的素樸傳統信仰，正因當時的混亂情勢而受到嚴重的挑戰。商朝末年的比干因勸諫暴君而被活剖心肝的慘烈下場，聞之令人髮指；道家莊子及稍晚的儒家思想家荀子，都引述這個例子

❼《論語．述而》第七(1)。

❽《論語．雍也》第六(22)，〈述而〉第七(20)。

❾顧頡剛等編，《古史辨》，臺北市，明倫出版社，民國五十九年再版：卷三，頁九二，頁九九至一〇〇；卷二，頁一九九；卷七上，頁一二三。

❿李杜，《中西哲學中的天道與上帝》，臺北市，聯經出版公司，民國七十一年，頁五九至六一。

⓫《孟子引得》（哈佛燕京學社），臺北市，成文出版社影印，民國六十二年，〈萬章〉上5｜6。

以證明昭明有知、賞善罰惡的上帝並不存在，而只有一套自然而然的宇宙規律在運行，而福祉之降臨則有賴時運⓬。

莊子與荀子均身處戰國晚期。而荀子雖在其他觀點上與莊子針鋒相對，但此自然之天的看法則極可能取自莊子。換言之，荀子雖就政治及道德問題居積極立場，但卻擷取了道家的形上見解。他這個儒道二家思想的融合，對爾後的中國哲學思考有關鍵性的影響，因爲《易傳》思想之大部分大約卽與此有關。後代的理學思想家如周敦頤、朱熹、王陽明等，雖然已深受佛教影響，但就儒與道的融合而言，是循著荀子的腳步。在這種或佛或老、或佛老兼容的形上背景之下，實際上已無法見到孔子原本的立意。任何人欲從孔孟（假其親炙弟子之手）的原典探尋他們思想完整的原貌，必須承認一件事實，就是儒家形上見解至少應分二種：其一是屬於原始儒家，自孔至孟而止；其二是屬於繼起儒家，始自荀子。

若上述分析屬實，則儒家思想的世界觀與形上學就有兩種截然不同的風貌：一是信仰至高上帝的傳統信仰，其二是以宇宙自然之道取代位格神。這兩種觀點差異甚大，以致於荀子的某些立論在孔子耳中簡直是對上天的冒瀆。許多古代思想家，當代思想家也有，完全以個人的觀點來看問題，甚至將個人的觀點視作唯一，並且認爲此觀點也適用於任何其他思想家，而不曾注意到這

⓬ 《莊子引得》（哈佛燕京學社），臺北市，成文出版社影印，民國五十五年，〈山木〉第二十50—55。《荀子引得》，〈宥坐〉第二十八33—40。

在方法論上構成錯誤，也就是不當地移用透視觀點。例如上文所已提及朱熹把孔子所信的天詮釋成理，就是把他自己的透視觀點不當地移用到一千幾百年以前的孔子身上。無論是以宋明理學的透視觀點去理解原始儒家，或者是就原始儒家的觀點來理解宋明理學，都是犯了這個毛病。

也有人誤解由海德格發展而來的現代詮釋學，以為可以否定考證及歷史事實的有效性，以為除主觀的「詮釋域」以外不必再言其他。實則這一詮釋理論不過可用來解釋，何以同一件事會產生不同的詮釋；詮釋理論並未告訴我們，究竟那一個是合乎客觀事實的正確詮釋。

孔子的形上世界和他的洞見，與荀子、朱熹、王陽明所主張的不完全相同，這是鐵一般的歷史事實。否認這點就形同否認整個中國歷史之證據的有效性。

2. 實踐傾向所需要的補充

在此願意引用齊克果對黑格爾哲學系統的著名批評：「我們藉黑格爾而有了一個完整的系統——那獨缺倫理學的絕對系統。」就齊克果的觀點，黑格爾哲學在其一味講世界歷史的得意忘形之中遺忘了做一個人——一個存在的個人——之意義⑬。反之，若有一哲學思想普遍地為世人認

⑬ Robert Bretall (ed.), *A Kierkegaard Anthology*, New York: The Modern Library, 1946, pp. 203-4.

定不成系統，那麼應該是指中國哲學思想。甚至連最具系統規模的中國思想家荀子，也抨擊那些不抱持明確實用目的之知識追求者，而稱他們爲「妄人」⓮。在中國從未有思想家表達過爲知識而知識之毫無保留的熱情，一如亞里斯多德在《形上學》開宗明義就提出的：人因其本性而求知。我們身爲此具有強烈實踐傾向之思想的繼承人，往往也傾向於對純理論性思考不投注太多的時間和精力，而一味耽於實用的考慮。但是，我們也深知思想中缺乏理論與系統的後果。儘管海德格有理由因西方思想之着重存有者以致遺忘存有而感沉痛，中國思想則可說是一種缺乏「邏輯系統化存有者」，而僅關注「人之存有」的思想。愈來愈多當代中國哲學家意識到這個缺陷，因此有些學者致力於借重某些西方哲學系統來彌補此中國哲學的短處，例如採用實證論、黑格爾思想、馬克思思想、菲希特思想、康德思想、柏格森與懷海德思想，或是多瑪斯思想。這樣的附會未必恰當，因爲一位哲學家如僅因適合個人觀點而採取某套西方哲學，則很容易曲解中國哲學典籍；實際上這種情形也已經發生。我並不認爲一個人衷心信服某一印度或西方哲學系統有何不當，但是採取印度或西洋思想系統的觀點來詮釋中國哲學則是另一回事。然而我們卻可以審愼地就中、西、印哲學各自的優點，做些題旨相應且內容充實的比較工作，以求獲致更深刻更廣泛的理解。

⓮《荀子引得》，〈解蔽篇〉第二十一，81行。

其實，中國人也和西洋人一樣有要求概念清晰、推論嚴謹的傾向，儘管此要求罕見實現。孔子就曾明白主張正名，而荀子在篇首列舉十數明確定義的〈正名篇〉裏，表現出對孔子此一主張的深切體會。孔子亦要求言「無所苟」，因爲「名不正則言不順」⓯。儘管孔子的這些教誨很少被認眞地實現，我們也不該認爲清晰明瞭的定義和嚴格的推論只適用於西洋哲學，而語詞之混淆及推理之不明則屬於中國哲學的優點。當然我們也深知有一些無法作清晰明瞭描述與定義的深刻經驗；但在此情況下，思想家至少應該盡力將自己的經驗介紹給別人，讓別人有掌握這些經驗的機會。我們也需要從事普及化的工作，以使哲學思想接近每一個人的生活。但這卻不足以彌補對嚴肅之理性認知的缺乏，也不能做爲缺乏此種認知的托辭，尤其在現代中國人都以理性化爲目標的今天。傳統的堆砌及一味祖述前人之言，因此早已不合時宜：本身欠清的概念，即使重複了一千次還是不會變成清楚。維根斯坦曾一針見血地對「語言之蠱惑」提出警告⓰。今日中國哲學裏亦有許多這樣的蠱惑，往往也與崇拜權威有關，凡此一切均係中國哲學思考朝明日順利發展的嚴重障礙。

附帶願指出一個常見的毛病，那就是往往把許多古籍的句子堆在一起，而不仔細推敲它們是否眞與某一問題相關。也有一些句子本身意義就很費解。這樣的句子，當然應詳細剖解。不加剖

⓯《論語・子路》第十三(3)。

⓰ Ludwig Wittgenstein, *Philosophical Investigations*, Oxford: Basil Blackwell, 1958, §109.

析而率然引用是毫無意義的。

3. 印度與西洋哲學的衝擊

中國思想曾經深受印度佛教的強烈影響，尤其自西元第四世紀，亦卽在東晉及其後的期間。到了唐代，此影響已相當普遍，如我們所熟知，宋明兩代的理學卽受到佛學相當程度的塑造。

至於西洋哲學，其眞正的衝擊雖起於本世紀，但卻提供了使現代中國改頭換面的文化及政治思潮。西洋哲學的確是今日中國所有文化及政治劇變的原動力。今日，許多中國人或許根本不知道某些西洋觀念的原始出處，但卻自幼卽對之耳熟能詳。事實上胡適、馮友蘭、方東美、唐君毅、牟宗三、羅光等對中國哲學作深入研究的學者，都曾深受西洋哲學的薰陶。那些自稱不受外來文化影響的學者其實也不在例外。唯一不同之處在於有些人不知自己受到影響，有些人則自覺到這種影響。最好的方法則是審愼思考外來的衝擊，並批判性地衡量孰者能與中國哲學調和而能使之更豐富，俾使中國哲學能對充實人類精神遺產有所貢獻。今日實際上已無人能嚴肅地研究中國哲學而不具備對外來哲學的透徹理解。任何對中國哲學閉門造車的研究工作，已絕對不合時宜。

㈢中國哲學未來可走的路

以上所提到的要點已觸及正待展開的題材。如前所述，中國哲學思考的現實境遇在我們身上留下了痕跡，但它卻不應決定未來的方向。沒有人能確切預見未來的發展；但我們必須正視下述的幾個重要途徑。其實這些都已是老生常談；但若中國哲學思考欲朝自己的目標走出一條創造性的路，這些話仍不減其重要性。

一、一如緒論中所陳，未來的發展不應決定於過去的歷史。其實過去所發生的事，雖然對我們還是有某些影響，但本身沒有非如此不可的必然性。舉例來說，三千年來中國人以儒家思想與道家思想做爲精神主流，並經歷了佛教的衝擊，但這並不表示，中國的過去非如此不可，更不表示往後我們當爲此三條途徑擔負神聖的使命感而視過去發展爲僅有的合法途徑，甚之以爲非死心塌地接受其中之一（例如宋明理學）卽非中國人。任何此種企圖都是基於謬誤或虛僞的民族情懷。今日在大陸，也有人把外來的馬克思主義視爲中國哲學思想正統，也表顯出以過去決定未來的心態。

過去的思想雖不應決定未來，但如我們不認眞研究，也就無法理解我們自己。所以嚴肅地研究過去思想仍然有其必要。

二、中國哲學思考之發展應採什麼方向？這問題的解決當然不應決定於某一時尚。例如目下西方人對禪、東方沉思、《易經》與道家等頗感興趣，儒家思想似乎已不再流行。但海峽兩岸的中國人卻都不約而同重新發覺了儒家思想的價值與時代意義。偶爾我們也不妨去滿足外來的要求（因爲這有時可提高中國哲學受關注的程度），但切不可讓中國哲學淪爲追逐時尚的玩物。倒是我們應注意諸凡新方法及關於人之新見地的發展，因爲這些新發展能使中國哲學思考更充實，並有助於使之成爲世界性哲學思考的主流之一。

一如上文所言，中國哲學早已深受佛學影響，自本世紀初，更大規模受到西洋哲學的衝擊。所以今日的問題只是如何選擇外來的影響而已，要閉關自守根本已不可能。目下西洋哲學實際上已左右全世界，而它在方法論方面正可補中國哲學之不足。中國哲學也能匡正西洋哲學，所以下列發展方向值得正視。

第一，在相關問題上與西洋哲學作比較是非常值得的工作。本書第四章充分證明，適當的比較有裨於中西二方面思想的澄清與充實。像《道德經》的「有之以爲利，無之以爲用」這個原則就能使奧古斯丁與海德格涉及空無的思想獲益匪淺。本書第十四章亦將指出，奧古斯丁「惡即善之匱乏」這一思想，對孟子的道德理論很有助益。

中國哲學尤苦於雜亂無章，很難找出系統；許多肯定既無內外經驗基礎，又無法用論證證明。所以如此的原因端在於缺乏嚴正的思想方法。中國哲學這方面需要西洋哲學補充，早已是中國學術界的共識。

第二，中國哲學比較注重實踐，甚至以爲不能立刻付諸實踐者即爲虛妄。這一類型思想有其優點，因爲比較不容易鑽無聊的牛角尖。當代西洋哲學泰斗海德格即認爲，決斷才會替人開創出精神空間，導致決斷及由決斷而來的思想才是眞實的思想（Wahres Denken），而一味鑽研以「正確」（Richtigkeit）爲事的「計算思想」誠然有用，但忽視或遺忘另一類型思想會使人疏離自性。其徒高達美亦強調決斷（Entschluss）在實踐思想的主要地位⑰。宋代理學家把「信道篤則行之果」視爲「學之道」⑱。這誠然是當代西洋存在思潮所確認的中國哲學優點，但我人也不可否認，西洋存在思潮與中國哲學亦有其忽視理性推理的缺失。對此，我同意馮耀明先生的意見，即分析方法也適用於中國哲學⑲。當然，中國哲學也不宜自限於分析哲學的方法。

三、正當全世界對政治與社會的構想陷於僵局時，而中國哲學思考又正專重此二領域，或許在此情況下，中國人以其穩健的傳統觀念及具體的實踐傾向，足以爲西方的社會主義及西方資本主義式的民主找到一條新出路。此處「西方社會主義」指所有源自歐美的社會思想，包括馬克思

---

⑰ Hans-Georg Gadamer, *Was ist Praxis? Die Bedingungen gesellschaftlicher Vernunft.* Universitas, November 1974, S. 1153.

⑱ 朱熹編，《近思錄》卷二〈爲學〉，臺北市，世界書局，民國五十一年，頁三二。

⑲ 馮耀明，《中國哲學的方法論問題》，臺北，民國七十八年，頁三一一—三一五。

主義。因爲有些西方的基本觀念適合於全人類，例如對人及其基本權利的尊重；有些則否，例如漫無節制的個人主義⑳。所以中國哲學思考在爲自己尋找出路的同時，或許也能對全世界有所貢獻，而這也正是海峽兩岸中國人目下所共同關心的課題。另一方面，際此個人基本權利與尊嚴在大陸遭嚴重破壞達四十餘年而重新作探索的今日，人的本質與價值的問題自有其簇新的迫切意義。

⑳ 臺灣地區目下流行的「跟著感覺走」以及「只要我喜歡，有什麼不可以？」等口號都來自西方赤裸的個人主義。

三、對方東美先生生命觀的一些問題

方東美先生的生命觀旨在替這一代中國人揭示出宇宙總體性和諧的中國傳統智慧；人性及其精神生活（包括道德、藝術、政治）即在於實現這一和諧。簡單說一句，方先生的最大期望莫過於振奮中國人的民族精神，要中國人不再妄自菲薄。但要達到這個目標，他開創了很富啟發力的一個生命觀。

本文基本上很佩服方先生的抱負與成就。但站在學術立場，卻必須提出多半涉及方法論的一些問題。

㈠方先生生命觀及其泉源

本文對方東美先生生命觀的瞭解是以英文的《中國人生哲學》及他逝世後才發表的《中國哲學之精神及其發展》（英文本）以及《人與自然的創生力》（英文）爲根據。爲了方便，下面引用三書❶以《生》、《精》、《創》三字代表，接著的數字則代表頁數。

方先生的宇宙是充盈著「普遍的生命之流」的無限領域（《生》19）。他引用《易傳》的〈繫辭〉（上5）：「一陰一陽之謂道，繼之者善也，成之者性也。……日新之謂盛德，生生之謂易……陰陽不測之謂神」，以及〈乾卦〉文言：「元者善之長也」，用以說明宇宙生生不已的「存有學」，同時以價值（善）爲中心，藉以建立以道德價值爲主的人觀（《創》37—38，《精》109）。以這一觀點視之，大自然起初以必然性與人針鋒相對；但人與大自然卻會融合爲一：大自然是不斷的創生過程，人則共同參與這一生創生的過程，二者成爲包容的和諧和融和的統一（《生》23，26）。大自然不僅湧現新的事物，而且充滿生命與價值（《生》28，31）。一切

---

❶ Thomé H. Fang, *The Chinese View of Life, The Philosophy of Comprehensive Harmony*《生》(Hongkong: Union Press, 1956).
Idem, *Chinese Philosophy: Its Spirit and Its Development*《精》(Taipei: Linking Pub. Co. 1981)。此書頁一五九、三三五、三五一、三五八、三九〇等一再出現之拉丁文 prium 係 prius 之誤。方先生可能以爲這是一般作 us, a, um 變化的形容詞，所以誤以爲 prius 的中性爲 prium。其實拉丁文此詞的變化是 prior or us，故 prius 已爲中性。但英文中往往將錯就錯，大家習慣了也就積非成是。不知此詞是否如此。但英文辭書並無此字。
Idem, *Creativity in Man and Nature*《創》(Taipei: Linking Pub. Co., 1980).

殘酷的毀滅與殺戮、死亡最後均消失在和平的最高幸福中（《生》42）。因此，「整個宇宙與富同情的人類形成一個目的系統；在此系統中，存有之諸凡形態均嚮往神的完美」（《創》96）。

這一生命觀應該是大家所熟悉的。他的第一個來源是《周易》，尤其是《易傳》部份，這在上文中已表達得清清楚楚，不必多費唇舌。方先生的生花之筆在英文的《中國人生哲學》第二章〈宇宙論基本思想〉最富說服力和魅力。一如此書作者自己所點出，方先生充滿生命流動的宇宙觀具有高度藝術意味，很容易引人入勝。

但如我們認爲《周易》是方先生生命觀唯一來源的話，那就會陷入無法化解的許多難題。一如下文所指出，方先生對「繼之者善也，成之者性也」與「生生之謂易」數句的英文譯文並不符合原文的本意，而是加入他自己的「創造性詮釋」❷。「生生」在〈繫辭〉原文及未受西洋哲學影響的中國註釋家心目中，都不過是生生不息之意，從來沒有普遍進化意義的「創化」與「創生」之意。「日新之謂盛德」也不過指人本身的「苟日新，又日新」，以及事物有新的錯縱複雜的無數可能性，並不指進化論意義的生物新品種。方先生所最喜用的「創生力」（Creativity）及「創造性」（Creative）等詞之已受懷海德與柏格森的影響，這是毋庸置疑的事實。他認爲〈繫辭〉中的「生生」意義與懷氏的 Creativity 相等（《精》111）；而他所云的「生命之流」（Stream of Life）也非常接近柏格森的「生命衝力」，甚至直截了當地同時以此名相稱（《生》

❷ 傅偉勳，《從創造的詮釋到大乘佛學》，臺北市：東大，一九九〇年，頁一—四六。

54，72—74）。在《科學哲學與人生》❸中，方先生更明顯地稱此生命現象爲「息息創造，耀露自由」，全部接受了柏格森的普遍進化論。

此外，方先生的生命觀也受到下列各種影響：印度的奧義書與大乘佛學，西洋的新柏拉圖思想，斯比諾撒的泛神論與黑格爾思想，以及中古基督徒的密契主義（《創》87—91，94—97）。

表面上看來，也許我們會說方東美先生用柏格森與懷海德來詮釋《易傳》的「生生之謂易」。實則，他是把《周易正義》所云「生生不絕」的「生生」❹以及「繼之者善也……日新之謂盛德」和柏格森的普遍進化論，以及懷海德的向更高深度（Intensity）之發展綜合成一個新的生命世界；在這「普遍生命流行的境界」中，人能與天地參，並與宇宙生命和諧一致而成爲「天人合一」（《精》103—112）。這一想法一方面很接近宋代理學家，另一方面又加上柏格森與懷海德的新含義，甚至還加入奧義書、大乘佛學、柏羅丁、斯比諾撒、歐洲中古密契神學的新涵義。古代突破過去的創造性思想都是這樣應用已有素材而建構成的：孔子、孟子、老子、柏拉圖、亞里斯多德、荀子、易傳作者、柏羅丁、奧古斯丁、朱熹、多瑪斯等等思想都是如此。方東美先生綜合了《易傳》與柏格森及懷海德二人以及其他許多人的思想，又有何不可？事實上，這更豐富意義的「生生之德」或 Creativity 早已爲大陸以外中國哲學界所普遍接受。

❸ 方東美，《科學哲學與人生》（臺北市：虹橋書店印行，民國四十八年），頁一三八。
❹ 《十三經注流》（重刻宋本）第一册（臺北市：藝文印書館影印，民國七十年）卷七，頁一三。

(二)上述生命觀的一些方法論問題

一如上文所言，方東美先生的生命觀饒有魅力；以此生命觀作爲中國哲學的動力，足以激發中國人的朝氣，同時又能與傳統相貫通。方先生之所以能在逝世十年後尚能爲中國哲學界所懷念，決不是偶然的事。但站在學術立場，我仍願對這一生命觀提出五個問題，藉以與哲學界同仁相切磋。

1.「生生」、「創生的進化」與「創生力」

第一個問題是：方先生融合「生生」與「創生」的生命觀是一回事，《易傳》中「生生」二字的原來意義是另一回事，柏格森「創生的進化」（Evolution Créatrice）及懷海德的「創生力」（Creativity）則又是一回事。方先生應用兩種或兩種以上的素材加以創造性的綜合而形成全新意義的「生生之德」或 Creativity，這是他的創造性思想，但「生生之謂易」在中國傳統哲學中有其本來意義。方先生的說法則容易令人把二者混爲一談，這是有待澄清的一點。方才我提到《周易正義》所云「生生」指「生生不絕」，這是唐朝孔穎達的見解：所謂「生生之謂易」是說「陰陽變轉，後生次於前生，是萬物恆生，謂之易也。」❺對此，古今易學者幾無疑義，張橫渠甚至以爲「生生」可以釋爲「進進」❻。歸納《易傳》中含有「生」字的四十三句，三十六句指事物的發生，並不限於人或生物的發生。祇有七句僅涉及人，多半在第二十卦〈觀〉中：「觀我生」四次，「觀其生」二次，但都和《易傳》中「生」字主要意義無關。《易傳》中「生」字的主要意義是指萬物的生發，並不直接與生命有關。橫渠所云的「進進」亦即指變易時前浪推後浪的關係。「生生」的意思不過是指透過變易，萬物不息地生發出來，如此而已，本來並無生命之意。既然如此，方東美先生對（〈繫辭〉上5）下面幾句的英文譯文就不合原來的意義（原文和譯文各標上號碼，以便對照）：

1. 一陰一陽之謂道；
2. 繼之者善也，
3. 成之者性也。……
4. 日新之謂盛德；
5. 生生之謂易。……

❺ 同前註。

❻ 張載，《橫渠易說》（臺北市：廣文書局影印，民國六十三年），頁二三九。

6. 陰陽不測之謂神。

方東美的英譯如下：

1. What is called Tao operates incessantly with the rhythmic modulation of the dynamic change and static repose,
2. thus continuing the creative process for the attainment of the Good
3. and completing the creative process for the fulfillment of Nature which is Life…
4. Superabundance is what is called deed-act,
5. forevermore creativeness is what is called the supreme value…
6. The unfathomed mystery underlying the rhythmic modulation of dynamic energy and peaceful repose is what is called the Divine.（《精》105）

與原文對照之下，方東美的譯文帶有他個人濃厚的哲學詮釋，尤其「繼之者善也」、「成之者性也」兩句格外明顯。方譯把第二、第三句的「之」字譯爲「創化的歷程」“creative process”實際上就是指第一句中的陰陽更替；第五句的「生生」則被譯爲：“forevermore creative”（恒久不變的創造性），實際上也指陰陽的變易。下面我們會立刻見到，如此理解原文顯然有值得商榷之處。第四句中的「日新」更沒有理由譯爲“superabundance”（超級豐盛），而第五句中的「易」也不能譯作“supreme value”（最高價值）。

無論方東美先生的譯文如何，前引〈繫辭〉片段所鋪陳的應是：一、易就是不止息的發生與再生；二、此生發歷程藉陰與陽之相繼與更替而運作；三、此歷程永不止息地更新事物；四、日新又新的生發是「善」的泉源，此「善」亦包括道德上的善（〈繫辭〉充斥著這一觀點）。此外，我們還必須根據〈乾卦〉的彖、象和文言再加上第五點，那就是乾代表宇宙間陽的主動力量，而且它和坤在一起除係宇宙的根源以外，也是一切善的起源。生生之易既蘊含上述思想內容，所以原則上我同意方教授把易之哲學稱作「動態存有學」和「普遍價值論」，然而對於使用「創造性」"creativeness, creativity" 和「創化的歷程」"creative process" 等語辭卻有所保留。

柏格森的「創化」是一種「實在的綿延」(Real Duration)，意指過去仍留存於今，同時又繼續產生絕對是新的東西，其實這就是生物新品種的演化。〈十翼〉與整個中國哲學卻沒有普遍演化的想法。胡適之先生援用《莊子・至樂篇》，認爲涉及演化理論⑦。其實，所謂「青寧生程，程生馬，馬生人」等變化，都不過是個別而突發的變化，並非普遍演化論所云微不可覺的連續而漸進的變化。所以我們不能肯定生生不已的變化就是普遍的演化。另外一點我卻必須贊同方東美先生的見解，那就是生生之易和普遍演化的確有許多相似之處，二者都蘊含了推動、生發和

⑦ 胡適：《中國古代哲學史》，臺北，臺灣商務印書館，民國四十七年，第二冊，頁一一四—五。

更新，而且兩者都和道德甚至密契主義有關❽。

懷海德所云的創造性（Creativity）似乎比較更接近生生不已的變化，因爲他所云的「實際事物」（Actual Entities）或「實際情境」（Actual Occasions）都是由其自身所創造。而創造的進度（Creative Advance）是在於追求深度（Intensity）❾，這一想法雖然很接近《易傳》所云「日新之謂盛德」，我人卻無法證明二者完全一致。

既然如此，那麼我們在中國哲學裏援用創化或創造性二概念時就應當斟酌；即使要引用這些概念，也要留心本文所述的差異。以陰陽互動而日新又新，不斷產生，不斷運作的生生之易雖然不是一個很明確的概念，但正因如此，它比「創化」及「創造性」涵蓋更廣，能够作更廣應用。我人毋寧稱之爲「由陰陽互動而具生發力的變化」，或簡稱爲「生發的變易」。簡單一句話，「生生之易」就是「生生之易」；中國哲學這一原創概念無法替代，也無法用其他概念來比附。

討論時傅佩榮教授指出，方東美先生心目中的中國宇宙是動態的。我的答覆是：動態未必就是生命。傅教授的另一見解也很好，那就是「生生」包括人在內。我的答覆是：實際上誠然如

---

❽ Henri Bergson, *The Two Sources of Morality and Religion*, Garden City, N.Y.: Doubleday, 1956, pp. 269-270, 211-213. Thomé Fang, *The Chinese View of Life*, Taipei: Linking, 1980, pp. 44-45.

❾ Alfred North Whitehead, *Process and Reality: An Essay in Cosmology* (*Corrected Ed.*), New York, The Free Press, 1978, pp. 25, 89, 96, 105, etc.

此，「生生」卻並非顯題化的生命概念。

至於一個句子除原有意義以外尚能因讀者的感興而獲得更豐富更深一層的意義（Sensus plenior），這是《聖經》註釋學者所早已指出的老生常談。奧古斯丁就是喜歡用更豐富意義講解《聖經》的一位！例如他在《懺悔錄》卷十二第十七章說〈創世紀〉中上帝所創造的「天地」指可見的有形世界，但在卷十三第十五章卻又說穹蒼指點《聖經》，因爲《聖經》揭示出天上的秘密和光明❿。後面這一說法就是所謂更豐富意義，但這一意義以前一意義爲基礎。毫無疑問，奧古斯丁說穹蒼指《聖經》時，並未否定穹蒼是有形世界的一部份。同樣地，海德格揭示出語言的「眞」意義時，也並不否定語言學家或其他語言哲學家所指出的「正確性」(Richtigkeit)；他不過主張在「正確」層面以上還有「眞」(Wahrheit) 的更屬事物本質的層面而已⓫。許多人誤解海德格與布特曼 (R. Bultmann)，以爲可以否定考證及客觀歷史事實的有效性，以爲除所謂「創造性的詮釋」及主觀的「詮釋域」以外不必再言其他。實則，像顧頡剛所從事的考證一類工作，與方東美先生的創造性思考均有其必要，二者不可偏廢。

---

❿ S. Aurelii Augustini, *Confessionum libri XIII* (Torino: Società Editrice Internazionale, 1949) 參考聖奧斯定，《懺悔錄》（臺中市：光啟出版社，民國六十三年五版）。

⓫ M. Heidegger, *Unterwegs zur Sprache* (Pfullingen: Neske, 1965), pp. 15-16.

2. 中國是否一向持泛神論？

我要提出的第二個問題卽牽涉到歷史與考證問題。方先生雖把儒家分爲第一與第二期，卻已視第一期的中國宗教不含二元的泛神論（《精》74）。方先生對第二期儒家的討論以《周易》爲基礎，這裏的思想接近泛神論，我完全同意。但把儒家前期甚至整個中國傳統宗教思想視爲泛神論，則似乎有些囿於成見。事實上，中國最古老的二種文獻（甲骨文與《書經》中的〈十二周誥〉）都相信有統治世界的最高尊神，祂是超越世界以上的⓬。現代中國民間宗教反映的最大多數中國老百姓的宗教信念也是如此。泛神論思想則很可能起自戰國時代的道家思想，《易傳》思想則已受道家影響。方東美先生把泛神論視爲原始儒家的特徵之一，甚至視爲中國古代宗教的特徵之一，從歷史與考證觀點而言，可能都必須打一問號。

3. 大自然與道德價值

⓬ 陳夢家，《殷虛卜辭綜述》（北京：科學出版社，一九五六年初版），頁五六二—五七八。。儘管本書在馬克思主義的影響之下作了反映馬克思主義的一些宗教哲學反省，卻並未否認「卜辭中的上帝有很大權威，是管理自然與下國的主宰」（頁五六二）。楊寬，〈中國上古導論〉，《古史辨》（第三二七篇）（臺北市：明倫出版社，民國五十九年），頁一二一—三〇。

第三個問題牽涉到「善」的價值問題。方東美先生的一貫信念是：「大自然貫穿著生命，大自然負荷著價值」（《生》31）。一切既都分享創生過程，因此自然而然走向終極的善，正如〈繫辭〉（上5）所云：「一陰一陽之謂道，繼之者善也，成之者性也」；「天地之大德曰生」（下1）。因此《中庸》（22）也說：「唯天下至誠爲能盡成性。能盡其性，則能盡人之性；能盡人之性，則能盡物之性；能盡物之性，則可以贊天地之化育，可以贊天地之化育，則可以與天地參矣。」這樣，自然秩序與道德秩序互相貫通，而以人爲天地的中心（《精》103—114）。

方先生這一想法非常接近宋明理學「仁者以天地萬物爲一體」的意境，但也陷入同一困難，那就是天地自然之理如何能成爲道德價值的泉源。柏格森透過西方密契經驗的研究，最後還是承認了超越的創造活動，承認創化本身是「創造了創造者們」的上帝之活動，藉以使祂在自己以外尚有值得祂去愛的存有者⑬。這一構想中的上帝本身就是具位格性的愛，是一切價值與善的泉源；一如亞里斯多德所云：「一切以之爲目的者就是善」（$1094^{a}3$）。許多事物本身不知不覺地歸向目的（例如箭），有知有意者才會對行爲作自由選擇而有道德的善，這一事實的指出是亞里斯多德倫理學的不朽建樹之一⑭。柏格森既承認了有知有意的上帝爲一切道德價值的泉源，事物的

---

⑬ Henri Bergson, *The Two Sources of Morality and Religion* (Garden City, New York: Doubleday, 1956), p. 255.

⑭ Aristotle, *Nicomachean Ethics*, Book III, Chapters 1-5; *The Complete Works of Aristotle*, The revised Oxford translation, edited by J. Barnes, V. I. II, New Jersey: Princeton University Press, 1984, 1752-1760).

創化力量也就成為上帝創世的力量。這樣創生過程與道德價值就有了清楚的聯繫。方先生的創生過程卻是自本自根的一種自然力量或規律，本身並非有知有意。這樣的自然力量或規律如何能生成有知有意的人，並成為有知有意的道德行為的根源呢？唐朝高僧宗密（七八〇—八四一）早已對儒道二家的這一說法提出質疑：「且天地之氣本無知也。人稟無知之氣，安得欻起而有知乎？」⑮無知的自然過程如何解釋有知有意的道德行為的善，這是方先生價值哲學的另一未竟之義。

至於懷海德的《歷程與實在》是否能令人滿意地解釋道德價值問題，本文且存而不論，以待高明。

在研討會中，姜允明教授認為我這篇論文和方先生的主張基本上發生衝突。可惜研討會時間不充分，沒有讓姜教授暢所欲言，因此我也無法答覆。但就事論事，方先生的主張未必都是對的，姜教授似乎亦須同意這點。成中英教授則指出，方先生在一九六九年於夏威夷「東西方哲學會議」中討論〈疏離〉(Alienation)一文中，對有神論與泛神論的宇宙觀均曾論及，因之我在論文中對他的道德價值基礎提出質難有欠公允。我在研討會中答應，要再仔細研讀成教授所提此文，以後再說出我的見解。事實上，那篇文章以前我曾一再細讀，並曾寫上我自己的許多疑點和觀點。現在再一次拜讀以後，益覺方先生精神世界的廣濶與深刻；他在西洋哲學與大乘佛學的功

---

⑮《大正新修大藏經》（臺北市：新文豐出版公司影印本），第四十五冊，頁七〇八。

力尤令人折服，而他的宗教情操也在此文中揭露無遺。

4. 泛神論能否保障人生意義？

然而，我仍對方先生的泛神論傾向深感惋惜，這點我在民國六十二年十二月發表的書評中⑯也並未諱言。重讀〈人的疏離〉一文以後，我更確信方先生之所以如此，是由於他對位格神及基督宗教的誤解所致。他對位格神的理解多半透過奧多（Rudolf Otto）對神的恐懼感與對自己的罪惡感及虛無感（《創》75，98），他也並未眞切瞭解到基督宗教的眞義在於無限的上帝降世成爲凡人，因之打破了人與神及人與人之際的疏離（《約》一12：「凡接待他的，……他就賜他們權柄，作上帝的兒女」）。方先生深惡痛疾者，莫過於讓人淪爲「邊緣人」（Marginal Man），在寂寞的羣眾中度著茫無意義的生活（《創》66）。其實，一如祁克果所指出，唯有具位格性的上帝才使人不致成爲無名無姓的羣眾和本身沒有價値可言的「邊緣人」，因爲唯有祂「在高天鑒臨一切，明察萬眾……知道每一個人的姓名」⑰；上帝如非有知有情有意的位格，而僅係一種「創生力量」（A power, A creative force）（《創》69—70），那末基本上屬於物的範疇，又

---

⑯ 《現代學苑月刊》第十卷第十二期，頁五二五—五二六。

⑰ 祁克果，《祁克果的人生哲學》，香港：基督教輔僑出版社，一九六三，頁四八—四九。

如何能和位格性的人產生有意義的關係而提昇他的價值？斯比諾撒式之泛神論的最大弊病，是所謂的「一切皆神」，係一種抽象而空洞的說法；實際上神既是世界整體，而世界整體之原初狀態是不知不覺的大自然，有知情意的神性自在被排除之列。人在無知無情無意而漫無邊際的太空與星球世界中，當然是微不足道，正如莊子所云，不過係氣之聚散（〈知北遊〉）而已，又何足貴？儘管方先生也論及有神論的宇宙觀（《創》97），但他認爲唯有泛神論合乎理性（《創》80）。實則，在泛神論的宇宙觀中，每個人的意義與獨特價值反而得不到保障。

我非常同意傅偉勳教授討論時提出的觀點，那就是有神論與泛神論均係終極關懷的表現。但我認爲泛神論的解答未能令人滿意。這是我對方先生提出的第四個問題。

5.〈繫辭〉思想的歷史成因與「生命」一詞的類比性

歸根究底，方先生的「大自然負荷著價值」的說法來自《易傳》，尤其來自〈繫辭〉，《中庸》也可能有一些份。正如方才已經指出，我個人認爲〈繫辭〉的說法缺乏理性基礎，卻有其歷史的成因。甲骨文與西周時代的天或上帝與道德的善有非常密切的關係，「福善禍淫」被認爲是上帝的職務之一；人也被認爲是上天所生（《詩經》第二五五首〈蕩〉：「蕩蕩上帝，下民之辟。……天生烝民，其命匪諶」）。中國古代的人之相信有上帝，其理由很可能和康德所指出的大同小異，即由於人有自由意志所決定的善惡道德行爲。既有自由抉擇的善惡行爲，就應該對之負責而承擔責任。康德因此主張人的靈魂不死及上帝存在係實踐理性的要求，因爲人在生時善惡行爲往往沒有報應，這樣聖德就不能伴隨其應得的幸福而無法獲致「至善」（Höchstes Gut）⑱。《書經》與《詩經》的道德觀卻似乎未指出身後的報應；這樣，世間一出現「不愧于人，不畏于天」（《詩經》第一九九首〈何人斯〉）的事而又「驕人好好，勞人草草」（《詩經》第二百首〈巷伯〉），對上帝的信心就大打折扣終至消失。道家思想就這樣慢慢萌芽，以「成敗存亡禍福古今之道」（《漢書·藝文志》）取代了福善禍淫的上帝。道是宇宙間的自然規律和自然力量，「負陰而抱陽，冲氣以爲和」，沒有所謂仁與不仁，其善惡標準就是順應自然。這形上思想經過《道德經》與《莊子》二書的天才作者提倡，很快就風靡了戰國時代的知識份子，包括儒家在內。最典型的例子就是荀子，他在〈天論篇〉一開始就說：「天行有常，不爲堯存，不爲桀亡」；並認定求雨不過是文飾而已，否則毫無意義，祭祀也不過是滿足人的心理需要而已（〈禮論篇〉）。荀子的確把道家的形上學與儒家的淑世主義融爲一爐。既然如此，儒道二種思想在先秦時代已經綜合在一起，實在是信而有徵的事實而無庸置疑。

⑱ Immanuel Kant, *Kritik der praktischen Vernunft* (Stuttgart: Ph. Reolam jun., 1961), 198–199, 219–226.

根據錢穆與李鏡池的考證，《易傳》已受道家自然哲學影響⑲。漢初非常推重道家，漢武以後雖云獨尊儒術，其實道家思想也兼收並蓄。董仲舒（西元一七九—一〇四）的天地同時是自然現象與上帝，他又十分強調陰陽五行，這是《春秋繁露》對儒家及陰陽家思想的新的綜合。《易傳》似乎也反映了這一類型思想：天地陰陽同時是有規律的自然現象，同時又像具有神性與生生之德，且能自天對人加祐。逐漸的演變卻使講易學的宋代理學家一再強調「天地之心」，不過是「天地之理」，並無所謂思慮（《朱子語類》卷一，頁三），但「天地之理」包括仁義禮智（《朱子語類》卷六，頁一）。《大學》的「苟日新、又日新、日日新」思想，被納入〈繫辭傳〉更使生生不已的變易與日新的盛德連接在一起。由於中國傳統思想本來喜歡融合而不很注意思想的邏輯連貫性，因此往往會把歷史發展中各種不相容的因素連接在一起而不自知。

這正是方先生把萬物的生發和知識、道德、藝術等高度精神活動一概稱為生命的原因之一。當然，我們體認到自己有各種不同層面：有物質層面和生物層面，這以上又有感覺認知、超感覺認知、感覺本能、感覺情緒、超感覺意願、超感覺欣賞等等不同層面。但是何以這一切都被稱為生命現象呢？這是十餘年來一直使我不安的問題，也是方先生的著作所引發的第五個問題。

⑲ 錢穆，〈論十翼非孔子作〉，《古史辨》㈢之一二五號，頁八九—九四。李鏡池，〈易傳探源〉，《古史辨》㈢之一二六號，頁九五—一三二。原稿中尚有「其中一部份成於漢武帝以後」一句。經劉述先教授指出，大陸方面根據最新考古資料，似乎已經證明《易傳》最遲成書於戰國時代，故刪去。特此致謝。

我在〈儒家哲學中的生命觀〉短文中[20]，曾指出「生命」一詞的類比性，即指涉某些相同點，同時不排除其他（甚至非常基本的）不同點。即使如此，也應該有一個勾畫出生命的某些普遍共同點的類比概念。我在民國六十八、九年間所發表有關生命觀的文章即作了這一嘗試。最簡潔明瞭的一篇以英文撰寫，發表於民國七十三年[21]。把此生命概念應用於〈禮運篇〉的人觀的一篇文章則發表於民國七十五年[22]。

本文提出的五個問題中，祇有第二第三題僅涉價值與泛神論問題，與方法論無關。第一第二完全是方法論問題；第五題以歷史的成因解釋中國哲學的發展方向，也與方法論有關。

㈢尾　聲

儘管我從未聽過方先生的課，我倒覺得自己受方先生生命觀啟發而從事哲學思考歷數年之

---

[20]《哲學與文化月刊》，第十三卷第四期，頁二三四—五。

[21] Thaddeus T'ui-chieh Hang, "Toward a more Comprehensive Concept of Life," *Analecta Husserliana*, Vol. XVII, 1984, 21-30. 我對有生命存有者所綜合的類比概念如下：「一個自然的個體，它具有生發其他個體及向更高更複雜的整合性層面發展的傾向，同時它與不同層面的其他個體息息相關。」

[22] Thaddeus T'ui-chieh Hang, "Man as the Junction of Yin-Yang Relationships and Cosmic Heart," *Analecta Husserliana*, Vol. XXI, 1986, 77-87.

久。至於我不能完全走他的路線，那是哲學思考本身的要求。方先生對〈洪範〉的見解也首次引起我對〈洪範〉的注意，儘管以後我所走的方向也並不完全相同。一位思想家的影響力本來就不僅在於思想內容本身，而且也包括他的啟發能力。以這一意義而言，我之受益於方先生，也許僅次於直接受業的弟子。所以，儘管我對他的生命觀提出疑問，卻對他深具敬意與謝意㉓。

㉓ 完成最後定稿以前，有幸拜讀羅光總主教於《中華民國哲學會哲學年刊》第五期（民國七十六年十月）發表之〈生命哲學〉一文（頁一—九）。羅總主教此文的生命觀已較過去所說明者更完備。此文似乎用士林哲學的「實現」（Actus，羅文稱爲「行」）來說明生命。但「實現」雖包括一切完滿，因此也包括生命，但「實現」概念卻與顯題化的「生命」概念有別，它尚未指出生命之爲生命的究竟。也許爲了這個緣故，羅文又以「一體之仁」來補充（頁七）。我的「有生命存有者」的概念卻可以說是「一體之仁」的描述。羅光總主教於民國七十七年重版的《生命哲學》（臺北市：學生書局）一書又復對生命概念作了一些補充。但基本上未脫上文窠臼。

四、老子、奧古斯丁與海德格思想中的「無」

(一)導引

老子《道德經》中的「無」能否幫助我們了解奧古斯丁（Aurelius Augustinus, 354-430）的「缺乏」和海德格（Martin Heidegger, 1889-1976）的「空無」呢？表面上似乎不可能，因為三種思想的時代與文化背景完全不同。然而，中古哲學對一個名詞之不同意義的區分，卻意外地替這三種不同思想提供了一個共同的比較尺度，那就是一個名詞有其「第一意向」（Intentio Prima）及「第二意向」（Intentio Secunda）二種完全不同的意義❶。

❶ S. Thomae Aquinatis, *Summa Theologica: Indices et Lexicon*, Tomus VI, Torino: Marietti, 1940, 405.

所謂「第一意向」，是一個名詞所指的客體事實，例如當我說「人是動物」時，「人」這名詞指人的客體事實，也就是第一意向的名詞。但當我說：「人」是種名，動物是類名，這樣的應用已使「人」成為理則學中的抽象名詞；這時我是以「第二意向」應用「人」這一名詞。第一意向所指的是客體世界中的事實，第二意向所指的祇存在於心靈中❷。這一區分頗為現代理則學者所欣賞。布倫達諾（Franz Brerntano, 1838-1917）即從「第二意向」採用了「意向性」(Intentionality）這一概念，用以指稱一切心理事實。

民國七十七年秋季講解奧古斯丁的「善之缺乏」時，我突然發現奧氏的「缺乏」(Privatio）雖然和老子思想中的「無」不盡相同，卻有一個共同點，那就是都指稱客體世界中沒有了什麼東西。恰巧不久以後我必須講解海德格的〈什麼是形上學〉那篇文章。海氏在這篇文章中很明顯指出，他所講的「無」(Nichts）並不是「存有者整體的完全否定」（Vollständige Verneinung der Allheit des Seienden），也不是理則學意義的否定，而是一種「空無的基本經驗」(Grunderfahrung des Nichts）❸。既是一種經驗，那就是一種心靈事實。有了這項體認以後，老子的「無」與奧古斯丁的「缺乏」就都可歸於「無」的第一意向，而海德格的「無」就應歸入第二

❷ 同上。

❸ Martin Heidegger, *Was ist Metaphysik*, Frankfurt a. M.: Vittorio Klostermann, 1969[10] 28-29, 30.

意向；換句話說，海德格所云的「無」純屬意向性的主觀經驗。

現在讓我們回到老子和奧古斯丁。他們二人的「無」和「缺乏」不僅都是客體世界中的事實，而且都發生實際功能。下文將說明，老子的「無」發生的是積極功能（「有之以爲利，無之以爲用」，《道德經》第十一章），奧古斯丁的善之缺乏的功能卻形成消極的惡。

爲了能清楚地表達出方才所分類的三種不同的「無」，本文將發揮下面三點：一、老子的「無」的積極功能。二、奧古斯丁的「惡」與「無」的消極功能，三、海德格意向性的「無」之經驗。

本文在結論中將會指出：老子的「有之以爲利，無之以爲用」這一原則是釐清「無」的問題的極妙方法。但要達到這一步，第一與第二意向之分也不無小補。

㈡老子的「無」的積極功能

《道德經》中雖出現不下九十次的「無」字，但最大部分都當動詞用，表示沒有某種東西，如「無名」、「無物」、「無道」、「無爲」、「事無事」、「無知」、「無欲」、「無德」、「無親」等等。特別把「無」與「有」互相對比來討論二者之間的關係，則僅於第一、二、十一及四十章中有之：「無，名天地之始；有，名萬物之母」（第一章）；「有無相生，難易相成，長短相較，高下相傾，音聲相和，前後相隨」（第二章）；「天下萬物生於有，有生於無」（第四十章）。其中最重要的應推第十一章：「三十幅，共一轂，當其無，有車之用。埏埴以為器，當其無，有器之用。鑿戶牖以為室，當其無，有室之用。故有之以為利，無之以為用。」

表面上看去，《道德經》中的道由陰與陽及無與有相互生成，二個對比極完全是對稱的；因為既是「有無相生」，則有生於無，無亦生於有，彼此是相成、相較、相傾、相和、相隨的關係❹。從「天下萬物生於有，有生於無」看去，甚至「無」還優先於「有」。

然而，《道德經》第十一章卻又顯然以「有」為主，而把「無」視為「有」之用。「三十幅，共一轂」，這是車輪的描述；當然，幅與轂都是「有」而非「無」。但根據宋末戴侗所撰《六書故》的釋義，「輪之中為轂、空其中，軸所貫也，三十幅湊其外」。轂既為軸所貫穿而連結另一車輪，同時三十個幅又必須湊合在這小小的空間以內，所以它自身必須是空虛的。沒有「空」所形成的「無」，軸與幅都無所施其伎倆，車身的龐然大物就一無是處。構成車的輪子和車身都屬於「有」，但必須藉著「無」才會發生功能。同樣地，碗、杯、水壺等如果不是中空的，那就毫無用處；房子不留下洞讓人進出，讓光線及空氣進入，也就是廢物。另一方面，車必須具備實在的輪子及車身，器必須用實在的泥做成，房屋也必須用實在的磚、土、木建造，但它們卻又藉某種「缺乏」或「無」才會發生固有功能。這是老子非常深刻的一項洞識。

上述情況究竟是以「有」爲主呢，還是以「無」爲主？車、器、室很明顯地是可見、可觸及的積極性實物——「有」，「無」則不僅是「有」的缺乏，而且僅藉寄身於「有」之中始發生功能。如果與某種「有」絲毫不發生關聯，那根本不可能有「無之用」。這也就是說，「無之用」完全藉「有」而發生。另一方面，「有」之利沒有適得其當的「無」，也根本無從施展其伎倆。二者是相依爲命的。勉強要分主客的話，那就應以「有」爲主而以「無」爲客，因爲「無」是寄生在「有」之中的。

「有之以爲利，無之以爲用」的深刻見地於中國的文人畫中表達得最爲突出。一幅畫的佈局中，空間往往佔其中的大部分。然而，就實際功能來說，「無」的功能完全藉「有」而來：車、器、室的實物越多越大，寄生其中的「無」也發生更大的功能：使車能行動，使器提供更大的空量，也使室成爲舒適可住。

㈢奥古斯丁的「惡」與「無」的消極功能

年輕時代奥古斯丁所最感頭痛的，莫過於惡的問題。年方十六，他就放浪形骸，不能自拔。

---

❹ 嚴靈峯，〈道家哲學中的「有」，「無」問題〉，《中央日報文史》第九、十期，民國六十七年六月二十七日及七月四日。

《西塞羅》和《聖經》鼓勵他從事思想和淡泊的生活，但他又深感罪惡的力量。這使他接受了摩尼教的善惡二元論❺。經過了許多週折，他終於接觸到新柏拉圖主義❻。依照柏羅丁名著《九論》(*Enneads*)的說法，萬物的最高等級是純善的太一。太一因其無底止的豐盛必然會流出理智；後者已非純善，唯仍因過多的豐盛而流出靈魂。靈魂的較低部分又復流出陰暗的質料。「靈魂像是一個極大的光，其光耀到了最後極限就變成陰暗。靈魂看到從自己流出的陰暗，就給了它一個理型。」這時靈魂已成爲世界靈魂，它和陰暗或惡混合在一起❼。至於完全缺乏理型的質料，就佔不到一絲的善，那就是絕對的惡。柏羅丁繼承柏拉圖的看法，認爲惡是一種實際存在的「非存在」，是完全的不限定與黑暗：「善既非唯一存在之物，由它而出，或繼續由它下去及離它而去，不可避免地就會發生最後之物，以下就不可能再有其他，那就是惡。」❽

依據柏羅丁的這一說法，實際存在的質料本身就是惡，它缺乏象徵善的光明，也沒有一絲理性成分，而是純粹的陰暗。當然它可以混合若干理性成分而善惡相間；這也正是人類所生活的物

---

❺ S. Aurelii Augustini, *Confessionum libri*; XIII, Torino: Società editrice internazionale, 1949 Lib. II, 2; Lib III, 4,5,12.

❻ Ibidem, Lib. VII, 9.

❼ Plotinus, *The Six Enneads*, translated by Stephen MacKenna and B. S. Page, Chicago Encyclopaedia Britannica, 1952, Four Ennead, III Tractate, 1, 9, pp. 141-147.

❽ Ibidem, *First Ennead*, VIII Tractate, 3-6, p. 28.

質世界，那依然是善惡二元的世界。

一直到他受洗成爲基督徒以後，奧氏才深信一切係上帝所創造，而上帝所創造之物本身是善的，因此物質世界本身不可能是惡的。他在《懺悔錄》中對這一思想轉變作了相當詳細的說明：「因此，一切存在的事物都是善的。我那時研求其起源的惡本來就非實體：因爲如果它是實體，那就是善的了。」⑨到此，奧氏才毅然決然與柏拉圖及柏羅丁分道揚鑣，摩尼教的惡善二元論當然更完全遭到摒棄。從此以後，惡對他而言是一種「無」。

本身是「無」的惡之所以會產生它的消極功能，也是由於它寄身於「有」之中，而且同樣地藉「有」之利而發生作用。正因這一理由，老子《道德經》與奧古斯丁的「無」才呈現出某種相同點：二者中的「無」可以說都是狐假虎威。

中古時代哲學中，一般都把惡分成二種。一種是物性的惡（Physical Evil），那是物性善之中應有的善之缺乏；例如短視就是眼睛應有的善之缺乏。另一種是道德的惡（Moral Evil），那是道德行爲中應有的善之缺乏。奧古斯丁在「論自由意志」中所云的惡則僅指道德行爲。這樣的行爲顯然以自由意志爲先決條件：「如果人沒有意志的自由抉擇，那又如何會有要求賞善罰惡的正義之善呢？因爲既非自願的，根本就無所謂罪惡或善行」⑩。自由意志卻有其行動的客觀標

---

⑨ S.A. Augustini, *Confessionum etc.*, VII, 12.

⑩ S.A. Augustini, *De libero arbitrio*, Paris: Desclée de Brouwer, 1976, II, 3, pp. 268-9.

準，那就是必須以永恆律爲指歸，去愛好永恆事物；當自由意志缺乏了這應有的秩序，爲了變幻不可靠之物而摒棄永恆之物，這樣的缺乏或「無」就構成了道德的惡⓫。它既是應有之善的缺乏，所以更適當的稱呼是「匱乏」。奧氏這一說法中的自由意志本身是善的，但僅係「中善」，因爲人有能力善用它，也有能力去濫用它，應用此中善而投身於永恆不易的善，這時人就達到了首善；反之，人如果應用中善而投身於「來自無的缺陷」（Defectus ex nihilo），而此缺陷又是自願的，在我人的能力之下，所以才是罪惡⓬。

上面的分析中，奧古斯丁說明了道德行爲中的二種「有」的因素，亦即自由意志與永恆律。前者是道德行爲的必具條件，後者則係客觀準則。所謂永恆律實即上帝創造萬物所賦予的天性，奧氏稱之爲型式（Form）⓭。上帝所創造的事物之中，奧氏分成三種等級，第一種存在而無生命，第二種存在有生命而無理解，第三種存在、有生命並有理解⓮。這一分類與荀子的幾乎完全一致，祇不過荀子多了第二個等級：「水火有氣而無生，草木有生而無知，禽獸有知而無義，人有氣有生有知亦且有義」（〈王制篇〉）。事實上，奧古斯丁的分類中遺漏了「存在，有生命而無感性的知」這一等級；加上這等級以後，第二項就應改成第三項：存在、有生命、有感性的知

⓫ Ibidem, I, 15, 34.
⓬ Ibidem, II, 50, 54.
⓭ Ibidem, II, 45.

而無理解。這樣，奧氏與荀子的分類就完全一致。奧氏的分類顯然是一時疏忽而遺漏了一個等級，因爲他在另一處不但承認動物有感覺，而且承認動物感覺到自己的感覺：「動物如果不感到自己感覺，就不會自動去尋求或避免什麼。」⑮

奧古斯丁的思想中，上述四種等級之中具理解力的最高等級是人。人之正常發展，是應用中善（自由意志）投身於「不變之善」（Incommutabilia bona）而得到首善及大善（Prima et magna hominis bona）⑯。自由意志抉擇時缺乏了這一正常發展就形成罪惡。因此，罪惡之所以爲罪惡，是由於匱乏所構成的「無」，但這「無」附屬於自由意志與人之天性（永恆律）的「有」之上，因爲缺乏了人之天性所要求的投身於「不變之善」的正常發展。

奧古斯丁這一構想之所以得不到許多人的理解，往往由於我們所經驗到的道德的惡是一種眞實的惡勢力（例如強盜集團）。卽使是物性的惡（如地震或瘟疫），我們也很難想像它本身只是由於匱乏所形成的「無」。然而，奧古斯丁自己曾親身體驗到罪惡的力量，他怎麼不知道罪惡是一種實在的惡勢力呢？他的哲學思考所要解決的問題是：這種惡勢力是由那些因素形成的？結果他發現，沒有人爲了惡而追求惡：「犯罪者所追求的善也決不是惡，我們所認爲中善的自由意志

⑭ Ibidem, II, 46.
⑮ Ibidem, II, 10.
⑯ Ibidem, II, 53.

亦非惡；惡僅在於背棄不變之善而投身於變幻之善」⑰。這也就是說，犯罪者所追求的財富、聲色之樂、權力等等既係人所希求，本身就是一種善。這一說法非常接近亞里斯多德⑱所云「一切事物所希求的卽係善」。罪惡行爲之所以成爲惡，僅在於爲了變幻之善而背棄永恆之善的輕重倒置；後者正是應有秩序的匱乏。在這樣輕重倒置的自由抉擇中，從事罪惡行爲者的自由意志、力量，甚至武器等等，這一切本身均無所謂不善。而且，犯罪行爲如果發生了禍害，正是藉著本身是善的這些實在因素。例如經濟罪犯之所以造成禍害，是因爲某甲席捲了一筆本身是善的巨額資金；資金越大，禍害也越大。這正是「有之以爲利，無之以爲用」這一原則的絕妙應用：「無」之用附屬於「有」之利：「無」之用與「有」之利成正比。《道德經》與奧古斯丁的「無」之最大區別在於前者的「用」是積極性的，而後者的「用」是消極性的。

惡究竟是什麼？罪惡又是什麼？這問題折磨人類已達數千年之久。中國人天性比較樂觀，所以才開創了性善說以及生生不已的《易傳》哲學。卽使是如此，〈繫辭〉（下４）仍承認「小人以小善爲无益而弗爲也，以小惡爲无傷而弗去也，故惡積而不可掩，罪大而不可解。」儘管也有人把罪惡視爲人類「歷史中的凶惡力量」（Geschichtliche Unheilsmacht）⑲，但罪惡究竟是什

⑰ Ibidem, II, 53.
⑱ Aristotle, *Nicomachean Ethics*, 1094ᵃ 1.
⑲ Josef Blank, *Aspekte des Bösen*, Orientieri Nr. 4, 46. Jg. (28 Feb. 1982), 44-59.

麼這一問題仍未獲處理。就我個人所曾接觸到的哲學思想而言，奧古斯丁對罪惡的解釋仍是差強人意的一種。他的理論如果和《道德經》對「無」的深刻洞識結合在一起，似乎會更具吸引力和說服力。

㈣海德格意向性的「無」之經驗

本文一開始就指出，海德格的「無」既不是「存有者整體的完全否定」，亦非理則學意義的「不」，而是「無」或空無的基本經驗，因此屬於意向性的事實，和上文所討論的「無」不可等量齊觀。

海德格於〈什麼是形上學〉這篇演講辭中對空無經驗作了相當詳盡的說明。首先他作了如下的區分：把握到存有者整體本身是不可能的，但覺得自己是在存有者整體之中卻是我們的家常便飯。空無經驗於焉產生。首先，在每一自我的「深淵」中，我們往往會覺得一種深刻的無聊（Tiefe Langeweile）；這無聊的感覺使存有者整體顯得失去了重要性：一切都成爲無可無不可⑳。這也就是海氏所云的空無經驗。在《存有與時間》中海氏描述存有開顯的第一重結構卽係

⑳ Martin Heidegger, *Was ist Metaphysik.*

心境(Befindlichkeit)，而憂懼係最重要的心境之一。所謂「存有的開顯」是指每一自我顯示自己並藉之而顯示其週遭的世界；顯示自己有三個步驟或結構，心境、理解、言說。心境係第一重結構。每一自我首先顯示出自己的心境，繼而由投向未來而理解自己，最後把所理解的對自己說出㉑。方才海德格所云無聊的感受就是心境之一。不消說，愉快、歡樂、悲戚種種都是心境；海氏卻格外強調憂懼（Angst）。心理學課本把此字譯爲「焦慮」；但德文 Angst 是指一種無影無蹤的怕懼。例如怕黑、怕鬼等等；恐懼（Furcht）則是目標鮮明的怕懼，例如怕刀、怕歹徒等等。海氏在《存有與時間》中已經指出，無影無蹤的憂懼會使人突然感到世間事物完全陸沉(Sie sinkt in sich zusammen)，似乎整個世界都變成可有可無，別人對你也無能爲力，使你孤零零地面對自己，領悟到唯一屬於你自己的是純眞的決斷㉒。海氏的這段文字描述出，憂懼如何使人從「陷溺」（Verfallen）於世間的情況中解救出來，使人成爲純眞的自己。〈什麼是形上學〉這篇演辭不過突顯出這一思想內容而已；海氏在這裏重新指出「存有者整體溜走」（Das entgleitende Seiende im Ganzen）的憂懼經驗顯示出空無（Nichts）。不僅如此，這一空無經驗會空無化（Das Nichts selbst nichtet），使每一自我投向自己的死期而把自己納入空無，從而對自己作大無畏決斷而超越一切存有者。唯有藉空無化及超越，每一自我才有他純眞的自我和

㉑ 項退結，《海德格》，臺北，東大圖書公司，民國七十八年，頁七八—八〇。

㉒ Martin Heidegger, *Sein und Zeit*, Tübingen: Niemeyer Verlag, 1957^{8}, 186-189, 191.

自由，他的眞實存有始能開顯㉓。不寧唯是，海氏認爲專以反映「存有者之爲存有者」爲事的理則思考是基於上述的超越與空無經驗，後者才是形上學的基礎㉔。理則型的形上學思想於現代科技中登峯造極，祇知有正確事實（Richtiges）而不知「存有之眞」（Wahrheit des Seins）。海氏認爲這是當代世界的最大災禍㉕。

依據這一說法，海氏的空無經驗也發生積極的功能，那就是揭示出人的自由和眞實的自我。但它本身卻依舊祇是意向的「心境」而已，跟《道德經》和奧古斯丁所云的「無」之反映客體事實的缺乏不同。

意向性所指的「無」之顯示出「有」，這在日本的能劇中表現得最爲盡致。演員爲了要表現出前面的山，就把伸展的手徐徐移至眼眉毛的高度。伸展的空手表示出「無」所烘托出的山。日本人由於習於這一類表達方式，所以很容易就領悟到〈什麼是形上學〉一文中「空無」的深意㉖。

要進一步說明海氏的空無經驗，我們必須一述他對負責任（Schuldigsein）及良心（Gewissen）的見解。一如海氏的其他概念，負責任與良心都與一般意義不同；良心是每一自我藉憂懼

㉓ M. Heidegger, *Was ist Metaphysik?* 32-35. 項退結：《海德格》，頁一三三。
㉔ M. Heidegger, *Was ist Metaphysik?* 38, 19-22.
㉕ M. Heidegger, *Vorträge und Aüfsätze*, Teil I, Pfullingen: Neske Verlag, 1967, 26-28.
㉖ M. Heidegger, *Unterwegs zur Sprache*, Pfullingen: Neske Verlag, 1959, 107-8.

與空無經驗對自己所發出的呼聲，把我們從陷溺情況中解救出來㉗；負責任則是「一個由『無』所限定之存有的基礎」或「空無的基礎」（Grundsein einer Nichtigkeit）㉘。這需要更詳盡的發揮。

如所週知，海氏稱每個人的自我爲「此有」（Dasein）。此有本身有被投擲性、陷溺及自由抉擇三個特徵。首先他是「被投擲的投設」（Geworfener Entwurf）：他有替自己投設未來去向的抉擇可能性，但這自由抉擇能力並非他自身所致，而是非自願而不得不如此的事實。非由自願的行動基礎，海氏稱之爲空無。其次，此有「先於自己」投設自己的未來去向，替自己作選擇。選擇時只有一種可能性可選取，其他可能性都在摒棄之列；對其他可能性的不選擇與不能選擇卽係另一個空無。最後，透過良心的呼聲，此有把自己從日常生活的陷溺情況喚回到屬於自己的眞實之中。陷溺則又是一種空無，由憂懼的心境而顯示。此有是空無的投設之被投擲的空無基礎，最後藉良心的呼聲而由陷溺的空無中解救出來。這三層空無構成此有，他是「空無的投設之空無基礎」（Nichtiger Grund seines nichtigen Entwurfs）㉙，一稱「深淵」（Abgrund）或「無物」（Unwesen）㉚。這空無基礎的功能卻是使此有從陷溺的空無中覺醒過來。因此，此有本身

㉗ M. Heidegger, *Sein und Zeit*, 295-6.
㉘ *Ebenda*, 283.
㉙ *Ebenda*, 287.
㉚ M. Heidegger, *The Essence of Reasons*, A. bilingual edition of "Vom Wesen des Grundes", Evanston: Northwestern University Press, 1969, 126-8.

就是「負責任」，就是空無基礎。一如上述，唯獨藉此空無經驗，此有才能超越一切存有者，而替自己負責任。

附帶必須說明，海德格所云的負責任實卽此有對自己的決斷。決斷本身具時間性，也就是面對未來的死期投設自己，同時面對並安然接受已是的被投擲情況，進而對眼前作大無畏的決斷。因此空無的基礎亦卽時間性的基礎。時間性在海氏思想中就是存有，所以空無也是存有的基礎。但要眞切瞭解海德格的思想，必須放棄或暫時擱置所有這些哲學專用詞彙的通用意義，而逐一推敲海氏的特定意義。否則，如果用亞奎那、康德或胡塞爾的哲學背景去理解海德格，那就錯誤百出。要領會海氏時間性與存有這二概念，尤其必須緊緊抓住他所加的新含義。

(五)《道德經》的一個原則作爲解決問題的方法

對《道德經》、奧古斯丁與海德格思想中的「無」作了比較以後，我們會發覺，老子的「有之以爲利，無之以爲用」這二句話表達出一個普遍原則，足以應用於客體事實的缺乏或對缺乏的主觀感受。輪子的轂、碗、杯等中間是空的，是缺乏和「無」，夜間沒有日光也是「無」，但這些「無」均因「有」之利而發生作用：沒有轂的輪子沒有用，沒有夜間的白日也不舒服。但黑夜也會因缺乏光明而形成不便，一腳落空掉下深淵更會致人於死地。可見「無」可以假「有」之威發生積極的功能，同樣地也可以假「有」之威發生消極功能。《道德經》只提及「無」的積極功能，奧古斯丁則比較強調「無」的消極功能。其實，奧古斯丁對實在界整體的終極看法，不僅一開始就承認一切均係「大有」所創造，而且也主張以罪惡自矜的地城最後爲愛永恒之物的天城所取代，「有」最後還是勝過「無」的消極功能㉛。

「無」既是「有」的缺乏，本身不可能是實體或某一實體的積極特徵。但「有」與「無」都是實在界之中的客體事實：例如黑暗是光明的缺乏，前者是「無」，後者是「有」；但二者都屬於客體事實。海德格所云的「無」卻是主觀經驗到的「無」的心境，這跟老子與奧古斯丁所云的「無」完全不同。儘管如此，對「無」的主觀經驗仍賴「有」而發生功能，而所發生的功能也屬於「有」的範圍。一如上文所言，海德格所云的「無」是每一自我的經驗，而藉此經驗之助，每一自我始能脫離「陷溺」情況而達到存有的眞實性。無論如何，每一自我仍屬於「有」，存有的眞實性是每一自我的一種積極特質，也屬於「有」的範圍。所以老子的「有之以爲利，無之以爲用」這個原則也可應用於主觀感受中的「無」。

總之，凡是牽涉到「無」時，老子的上述原則就應用得到，因此它足以成爲解決這一類特定問題的絕妙方法。

㉛ S. Aurelii Augustini, *De civitate Dei Libri* XXIII, 2 tomi, Lipsiae: Typis C. Tauchnitii, 1825. Lib. 15.

五、涉及中國哲學方法論的一次訪問

問：老師原本專研西洋哲學，請問您後來爲何會對中國哲學發生興趣？

答：引發我轉向研究中國哲學的因素，一方面是由於興趣的慢慢轉移，一方面則是體驗到中國哲學有其本身的價值。起初我並不喜歡中國哲學，一則因爲一開始卽接觸西洋哲學，覺得西洋哲學比較嚴謹，比較能够滿足理性，而中國哲學則似乎缺乏嚴格的論證；另一方面則是感覺到中國哲學似乎說來說去總是那麼一套，缺乏新鮮感。以後身在國外，難免有人問起中國哲學，而自己知道得那麼少，有點兒不好意思。另一方面，博士論文所研究的榮格（C. G. Jung）對我也發生一些影響。榮格在研究心理分析時發現，病人在慢慢健全的過程中所作的夢，往往符合中國人一陰一陽的思想。表示人的心理深處有陰的一面，也有陽的一面。他又研究中國的易經，發現其中精神正是西方人極需補充的。西方人由於過份重視理性，使現代的文化發生危機，榮格早在二十世紀初期已經提出這樣的問題。以後，他的朋友衛禮賢翻譯了《太乙金華宗旨》，他又對此書作心理學的分析，強調東方人生活的智慧正是西方人所亟需的。這樣我透過榮格接觸到中國哲學的另一面，體認到中國哲學並不是迂腐，而是與西方有所不同。西方的理性思想雖有其優點，但也有其限度，走到某一階段，就會此路不通。可見純理性思想並非萬能，畢竟還是需要其他類型的思想來補充。這一點至少是開啟了我自己的眼界，重新去發掘中國人思想的特徵。以後數年中，我的興趣轉移到心理學，比較深入體會中國人特點時，就寫了《中國民族性研究》一書。寫這本書時，讀了更多中國方面的書，也漸漸體會出中國哲學本身的價值。當時一方面也是受了唐君毅等先生的影響，雖然我不完全同意他們的思想。但去歐前經過香港，我就訂閱了《民主評論雜誌》，常常閱讀牟宗三、唐君毅、徐復觀等人的文章。的確，中國人總是要走自己的路。過去的歷史、文化遺產不能完全被否認；無論如何，它們究竟是屬於我們自己的一部份。

問：是否能請老師介紹一下當代對中國哲學經典的詮釋概況。

答：當代研究中國思想有幾種不同背景，這種侷限是無人可避免的，包括我自己在內。第一種完全是西洋的。現在外國人無論在美國或歐洲，對中國哲學的興趣都比以前大得多。我想這就是與榮格所講的有關聯，卽發覺西洋哲學中「此路不通」的現象。西洋的過度科技化就像海德格所批評的：西方哲學已走到了終點。海德格認爲理性推理是一種計算思想，計算思想的顯著成果卽是現代的科技，所以說科技是西洋哲學一路發展下來的結果。繼續發展下去，「人」的地位就完全沒有，因爲人已成爲科技研究對象的一部份。在這種情況下極需要另一種思想來補充。榮格在這世紀初就告訴西方，過份的理性化會使人的其他心理功能受損，結果人從整體發展而言，成爲畸形。海德格稱現代科學不是一種思想，而只是一種計算，照他的看法，眞正的思想是無法用邏輯來思考的。這就是爲什麼我們中國人認爲西洋人的思想精密，而海德格卻認爲中國這一類型的思想才是眞正的思想。目下海德格多少發生了一些影響，所以很多人喜歡老子、《易傳》、禪宗等思想。因爲這些思想正是展現另外的一面，完全不同於西洋人的理性思考方式，而很注重人的整體問題。陰陽合德、道與自然這些思想正是西洋所需要的另一面。所以，他們對中國哲學感興趣，主要就是要聽老子、道家、禪宗的思想。至於儒家思想，他們就比較不感興趣。這就是一種對中國哲學的態度。受到西洋人影響的國外學人（譬如傅偉勳、唐力權等），也往往比較注重海德格、禪宗等。當然，這並不是說海外學人對中國哲學中的其他部份都不再研究，而是說他們多多少少會受到西洋人的影響。

第二種就是唐君毅、牟宗三先生的類型，也就是從新儒學的觀點來看，認爲中國哲學的主流是從宋明理學發展下來。其中又有人自宋明理學中提出一部份。譬如，認爲王陽明的思想才是正宗的，朱熹則否。新儒學派對於五四時代的過份貶低中國思想，可以說是對症良藥。但他們往往有些矯枉過正，過份抬高中國哲學的身價。而在中國哲學中則又高舉儒家，認爲足以使全世界臻於大同。和新儒學派大同小異的有方東美先生。但他認爲中國值得重視的思想遺產，應包括道家、佛教和墨家，不應限於儒家。

第三種類型可由輔仁大學來代表，採取融合儒家與士林哲學的趨勢。不消說，這一派的主要代表人物是羅光總主教。不僅因爲他是輔大校長，更因爲他從事中國哲學的教學工作至少已歷四十年，並對中國哲學發表了一些重要著作。這一派對道家思想並不否定，但更注重儒家思想。

問：請問老師對於中國哲學的詮釋有何看法？

答：由於觀點的不同，往往有不同的詮釋結果。一如海德格所云，所有陳述都源自人對自身存在的一種詮釋，因此離不了人自己的觀點，隨出發點不同而不同。例如從西洋人的觀點來看，比較會重視道家。但中國人畢竟要顧慮到中國文化未來的方向，所以仍會較看重儒家。因爲儘管生活環境的保護是目下重要課題之一，而返歸自然始終是人性一個需要，但要發展一個國家不能單走道家那種只對大自然、不對人的思想模式。於是，從中國人自己的觀點來看，還是不得不重視儒家。這由出發點不同而產生的不同態度是無可避免的，並且本來是井水不犯河水。

我個人對儒家思想的詮釋卻有一些管見，願乘此機會表達出來，以供進一步的討論。我認爲對儒家思想的詮釋，方法上需要嚴謹一些。首先，我願意提出一個老生常談，那就是儒家思想的現有型態是歷史發展的結果。我個人不贊成黑格爾「實在的就是合理的」那種說法。我認爲歷史的發展未必採取單一型態，如果情況稍有變化，很可能有不同的發展。無論如何，歷史發展出來的思想未必就是正確的，很可能埋藏著一些錯誤的成份，也很可能走錯了方向。第二，我認爲中國儒家思想發展到戰國時代，已經受到了道家的影響，尤其是形上學部份。漢代至今兩千多年的儒學因此都融合了道家的形上學，但由於這麼久遠的影響，後代的儒家思想家往往很難分辨，儒家哲學中有那些思想淵源於道家。我這裏只講道家，並非有意否定儒家也融合了其他思想（譬如陰陽家及法家），只不過是因爲道家比較重要而已。

本來，思想的發展一方面是繼承過去的思想，一方面也是對所繼承思想作進一步的詮釋與融合。每一時代的人以他們自己的生活環境爲出發點，自然而然會進行他們所需要的詮釋與融合工作。例如，一如上文所提及，孔門弟子在戰國時代把儒家的仁義與淑世思想和道家的形上學綜合成天衣無縫的體系；宋明理學又把佛學成份融合在儒學之中，時至今日，方、熊、唐、牟、羅諸先生又吸收了一部份西洋思想，把後代思想融合在古代思想中，屬於一種創新，可以說是生命自發的創造活動，但融合時往往會改變古代典籍的原意。我們將用什麼方法確定某種思想（例如孔子思想）的原意呢？

這裏我們接觸到一個很容易瞭解卻又極其重要的方法論問題，那就是在哲學史上，我們祇能用以前及同時代的思想與歷史事實去瞭解某種思想的形成與原意，而絕不可用後代興起的思想去斷定以前的思想究竟如何。理由非常簡單：因爲唯有前期與同一時代的歷史事實與思想才會影響我們，後代的人則不能。因此，在討論柏拉圖思想的成因與原意時，我們都會追溯到埃里亞學派，而不可能用新柏拉圖主義來說明，除非僅牽涉到後代人對古代的歷史記載。同樣地，我們也祇能從《書經》、《詩經》、《論語》上下文及同時代的歷史事件去瞭解孔子思想。如果由孔子以後才興起的思想（例如莊子、荀子、《禮記》、《易傳》或宋明理學）去理解孔子，就犯了非常嚴重的方法上的錯誤。然而，這卻是治中國哲學者的通病：往往爲了闡述孔子思想，許多著作都不加任何說明而引用《禮記》、《易傳》或朱熹的句子，像煞這些句子都能代表孔子本人的思想。

生命常常在創新與融合。黑格爾所講的「正反合」，正是生命的融合現象。思想也是生命現象之一。思想發展中的正與反往往是可以融合的。我不贊同黑格爾講正、反是一種矛盾，實際上我們所融合的並不是矛盾的東西。比方：男女結婚並不是矛盾，而是融合。像我自己原本只對西洋哲學感興趣，後來又對中國哲學也產生興趣，這與前者並不矛盾。西洋哲學、中國哲學各有其價值，兩方面可融合在一起，融合時也就等於一種創新，也可稱爲創造。創造本身自有其價值；因此就這一層面而言，我人暫且可以把詮釋正確與否的問題存而不論。但不能否認，無論是一本書、一幅畫、一個行動，還是有原創者的本意，曲解了就是不對。

曾有一位奧國來臺留學的田默迪先生，在他的碩士論文中將《天演論》的原文，與嚴復所翻譯的對照一下，發現其中錯誤百出，很多都是嚴復自己的創造❶。嚴復的創造當然有其自身價值。他這本書對中國二十世紀初期影響很深，梁啟超、胡適之等人都受到這本書的影響，我們能說這本翻譯的書一點兒價值也沒有嗎？儘管如此，錯誤始終還是錯誤，不能因爲嚴復影響很深就說翻譯沒錯。同樣地，在詮釋古代典籍時，有正確不正確的問題，就像每一個人的話或行爲有被正確地詮釋以及曲解的可能一般。

譬如，早晨你向張三打招呼，張三卻懷著鬼胎，以爲你對他有所企圖。張三之所以對你的行動有這樣的詮釋，可能有其前因後果，是他生命自發的創造活動。但這項詮釋是否正確就要看它是否符合你打招呼的心意而定。這一心意是你一個人知道的「主觀事實」，並非外界可觀察可測量的「客觀事實」。張三如果不想曲解你，就應該虛心向你請教。但如張三所面對的是古人的話，那又怎麼辦呢？例如孔子活在二千五百年以前，他在《論語》中所說的話意義如何，就應視孔子在二千多年前說那句話的心意如何。詮釋理論如果一味着眼於詮釋過程如何形成的描述，就有些失之偏差。而這也正是培帝（E. Betti）向高達美（H. G. Gadamer）所提出的問題

❶ 田默迪，〈嚴復天演論的翻譯之研究與檢討〉，《哲學與文化月刊》，第十九期及二十期（民國六十四年九月及十月），pp. 484-498, 593-602。

❷。培帝本人在一本很受重視的小冊中所舉出的一些詮釋規則❸，我以爲很值得注意。我很贊成海德格、高達美、黑格爾等對詮釋過程的描述，但詮釋的正確與否是另一個問題。每個人見解不同，往往是由於教育及生活背景不同的緣故，這一切構成海德格所云的現實情況（Faktizität），使每個人的理解與詮釋一開始的出發點就完全不同。但若有學識上的眞誠，肯讓事實顯示出來，那末不管出發點如何不同，到最後仍會找到共同點。但是如果沒有這種眞誠，那就會永遠停留在各自的出發點上。

❷ Hans-Georg Gadamer, *Truth and Method*, London: Sheed and Ward, 1975, p. 466.
❸ Emilio Betti, *Die Hermeneutik als allgemeine Methodik der Geisteswissenschaften*, Tübingen: Mohr, 1962.

六、孔孟心目中的「天」
——兼及方法論問題

(一)關鍵性的方法論問題

中國學術界對此問題顯然持二種不同態度 。一種以宋明理學的觀點詮釋涉及孔孟的古代文獻。另一種則是從孔孟本身的時代背景和他們自己的思想脈絡中去把握他們心目中的天究竟指什麼。

最近往往有人喜歡提及詮釋學，以爲足以使我們對理解古代文獻有決定性的突破。實則詮釋學不過是詮釋文獻過程的一種學術性理論，就如同理則學是推理的系統性理論一般。推理欠準確時，我們可藉理則學指出犯了那一條理則學規則。但準確推理能力卻未必與熟習理則學規則成正比。同樣地詮釋學對文獻準確詮釋的幫助非常有限。倒是意大利人培帝提出「意義整體脈絡」這條規格，指出我們必須特別注意文獻作者生活整體的主觀條件，及其所屬文化系統的客觀條件❶，比較具體而具實用價值。但知道這一規格是一件事，能否身體力行應用它則是另一回事。當然，我們仍須顧慮到每一詮釋者都逃不過海德格所云的先起意圖、先起觀點、先起概念（Vorhabe, Vorsicht, Vorgriff），其徒高達美則稱之爲「成見」。他所云的「成見」是每個人理解文件以前的文化系統背景及主觀生活條件，是每個人都無法避免的視域（Horizon）。詮釋文獻時，每個人必須使自己的固有視域和所要詮釋文獻的視域互相交溶（Fusion of Horizons）❷。然而，各人的視域本來有差距，它們不可能都和所要詮釋文獻的視域一致。這裏，頗普爾的「嘗試與錯誤」方法值得注意：每個人必須和自己固有視域採取距離，視爲臨時性，必要時放棄或調整原來的視域，藉以達到準確的詮釋❸。而當原來的觀點與原始文獻的觀點顯然衝突時，調整固有視域就勢在必行。

然而，詮釋過程中的最主要條件，還是海德格所云的開放（Erschlossenheit）。這所謂開放

---

❶ Emilio Betti, *Die Hermeneutik als allgemeine Methodik der Geisteswissenschaften*, Tübingen: J.C.B. Mohr, 1962, S. 16.

❷ Hans-Georg Gadamer, *Truth and Method*, London: Sheed & Ward, 1975, 337-341.

❸ Karl Popper, *Conjectures and Refutations: The Growth of Scientific Knowledge*, London: Routledge and Kegan Paul, 1969, 312-3.

涉及每個人存在整體的純眞或赤誠。海德格在《存有與時間》中的最深刻見地是：人必須體會到自己隨時會死，必須面對自己的良心而無愧，一絲不顧慮到「人們」的見地；唯獨如此，人纔會達成純眞的自我。事實上，即使在從事學術工作時，也難免顧慮到許多人爲因素，難免太世故，人云亦云。眞要達到理解，必須以赤誠面對自己並面對「事物本身」。

既然如此，關於孔孟的天究竟何所指的問題上，跟固有視域採取距離的必要性當然是對任何人有效。拙作《中國人的路》自序中就指出，由於西漢經學傳自荀學，許多學者往往透過荀學派的有色眼睛去看最原初的儒家思想，這樣就難免歪曲❹。我的意思是：把孔孟的天視爲大自然或人自身的道德意識，本身可能是歪曲的結果。一如方才所言，受到成見影響甚至歪曲，是一件無可避免的事。問題在於如何能正確處理業經歪曲的成見。對此，清代學者錢大昕對朱熹的質疑就是努力糾正成見的很好榜樣❺。

這篇文章將首先指出對此問題持正反二面意見的學術界人士，並以最簡單方式介紹他們的理由；以後將分別說出孔子與孟子對天的看法。

---

❹ 此書於一九八八年初由東大圖書公司（臺北市）印行。

❺ 李杜，《中西哲學思想中的天道與上帝》，臺北市，聯經，民國六十七年，頁六〇—六一。

(二)正反二面的意見

讓我先介紹正面意見。主張孔子的天為位格神的見解，與作此主張本人是否信位格之天毫無關係。馮友蘭、錢穆、李鏡池、傅斯年、楊寬等對此都毫無疑義；外國的漢學家如衛禮賢、德效騫、史華茲等亦然❻。他們的理由大致不外乎《論語》所記載的諸如「知我者其天乎」等等意義極其明顯的文句，以及這些文句跟《易傳》思想的差異等等❼。

持反方面意見的有顧理雅、勞思光等。顧理雅認為孔子的天係非位格的道德力量，以為孔子提及天，不過表達焦慮的情緒而已❽。勞思光則以為孔子表示「未能事人，焉能事鬼」、「未知生，焉知死」以及「敬鬼神而遠之」，顯然對「原始信仰中之天神鬼等觀念，皆不重視」。勞氏

---

❻ 同書，頁二三；傅佩榮，《儒道天論發微》，臺北市，臺灣學生書局，民國七十四年，頁一〇七、一二六、一三〇。牟宗三先生在《名家與荀子》中認為孔孟之天乃「形上的天，德化的天」，意義相當含糊。但在《中國哲學的特質》（香港，人生出版社，民國五十二年，頁三四—三五）中卻並未否認孔子的天為「人格神」。
Benjamin I. Schwartz, *The World of Thought in Ancient China*, Cambridge, Mass.: The Belknap Press of Harvard University Press, 1985.

❼ 馮友蘭，〈孔子在中國歷史中之地位〉。見《古史辨》之二，臺北市，明倫出版社，民國五十九年，頁一九九—二〇〇。

❽ H. G. Creel, *Confucius, the Man and the Myth*, New York: The John Day Co., 1949, 117.

又認爲「中國古代之天觀念，作爲一原始觀念看，本以指人格神之意義爲主；而孔子以後，人文精神日漸透顯，人格神已喪失其重要性。但由於習慣之殘留，孔子及其他先秦儒者仍然時時提到天一詞」❾。也有人以爲古人及孔子所信的天僅以道德爲主要內涵。這一想法和朱熹的大同小異，後者以爲天卽理。

順便願一提，呂武吉在一九八七年十一月於臺北舉行的「國際孔學會議」的〈孔子之理論與實踐〉論文中，提及有一次孔子生病，子路要替他禱告神祇，孔子卻似乎表示不很同意（〈述而〉第七35）。呂氏遂認爲這件事表示孔子不信天不信神。

㈢孔子對天的看法

恰恰與勞思光及顧理雅所云相反，《論語》及《史記．孔子世家》（卷四七）所呈現的孔子不僅「述而不作，信而好古」（〈述而〉第七1），而且是言行一致地奉天之命而執行文化、教育及政治使命。二千年以來的中國人之所以尊崇孔子，是因爲他繼承了周代的人文，並畢生從事人文教育：「子以四教：文、行、忠、信」（〈述而〉第七25），「弟子入則孝，出則悌，謹而

❾ 勞思光，《中國哲學史㈠》，臺北市，三民書局印行，民國七十年，頁八六、一二三等。

信，汎愛眾而親仁，行有餘力，則以學文」（〈學而〉第一6）。孔子卻清楚意識到自己的人文教育使命來自上天：「文王既沒，文不在茲乎？……天之未喪斯文也，匡人其如予何？」（〈子罕〉第九5）。他又自稱「五十而知天命」（〈爲政〉第二4）；〈孔子世家〉告訴我們，孔子恰於五十歲從政，以後又周遊列國，竭力爭取從政機會。這就暗示，孔子於五十歲時內心中體會到催促他從政的天之指令。子路下面的話正好反映了孔子的心情：「君子之仕也，行其義也。道之不行，已知之矣」（〈微子〉第十八7）。

不僅如此，孔子又以「畏天命、畏大人、畏聖人之言」與否爲君子與小人之分（〈季氏〉第十六8）。「畏聖人之言」顯然是由於對聖人的敬畏之忱，而不是由於恐懼。同樣地，「畏天命」也是出於同一型態的敬意。他對天充滿敬意，因此才有「吾誰欺？欺天乎？」（〈子罕〉第九12）等語。這一切都顯示出，孔子是以極嚴肅的態度面對一個有知有意的天，絕非因循流俗。鑒於他一再遭死亡威脅而臨危不懼，對「天之未喪斯文」保持堅定信心，他對自己的信念持有赤誠與純眞態度絕不容置疑。說他因循流俗實在是對孔子人格的侮辱。

有人以爲孔子既不語怪、力、亂、神（〈述而〉第七21），所以他已對宗教意義的天失去信心。這是把宗教限於求神問卜的祈福心理，而無視於孔子的「知命」、「畏天命」的胸懷。一如方才所言，這是奉行天所加使命的敬畏之忱，並不是患得患失的恐懼。因此，「子不語怪、力、亂、神」一句後面，就有孔子承認「天生德於予」的另外一句。此句與「天之未喪斯文也」等句併在一起，足以證明孔子相信自己有來自上天的文化使命。

從孔子那時代的背景，我們也可以體會到他繼承了來自古代的天命信仰。《左傳》中我們不難見到早於孔子及孔子同時代人對天命深信不疑。例如魯襄公二年（前六〇六）有「周德雖衰，天命未改」等語，與《書經》中〈盤庚〉、〈大誥〉、〈康誥〉等的天命與上帝命意義相同，涉及上帝對國祚的恩佑。魯襄公二十九年（前五四三）的「善之代不善天命也」，與魯昭公元年（前五四〇）的「良臣將死，天命不祐」，以及魯昭公三十年（前五一二）的「叔倪無病而死……是天命也，非我罪也」⑩，都很接近《論語》中的「天命」。一如傅斯年所指出，甲骨文中祇有「令」字而無「命」字，金文中才出現「命」字，意思指帝王及上天的命令；《書經》中的「命」字多半仍指命令，《詩經》中的「命」字才開始指命運⑪。上面我們可以見到，《左傳》所記早於孔子及與孔子同時的「天命」二字，意思與《書經》一致，即指來自上天之賜的國家命運。孔子口中的「天命」仍保持「上天指令」的意義，卻不再與國家有關，而直接涉及每一個人。

《左傳》中約與孔子同時代的記載卻也多次言及「天道」或「天之道」，而《論語》中的孔

⑩《十三經引得》：《春秋經傳引得》第一冊。

⑪傅斯年，《性命古訓辨證》，上海市，商務印書館，民國二十七年，上冊，頁四、一二、一六、二二、四一。

子卻不喜歡談天道（〈公冶長〉第五13：「夫子之言性與天道，不可得而聞也」），這究竟是什麼原因？是否他祇講給入室弟子聽呢？抑或他對這一題材感到困擾，甚至不以爲然？下面所舉的事實似乎足以使我們相信，後者這一可能性比較接近眞相。

我們試看《左傳》魯襄公九年（前五六三）的記載：「春宋災。晉侯問於士弱曰：吾聞之：宋災於是乎知有天道，何故？……」這裏我們可以看到，宋國的火災使當時的卜者大談宋國的吉凶。這裏的「天道」與天之命令無關，完全是事情本身的休咎吉凶。襄公十八年（前五五四年）的「天道多在西北，南師不歸，必無功」，也和上例大同小異。魯昭公九年（前五三三）所提及的「天之道」更耐人尋味：「夏四月，陳災。鄭裨竈曰：五年，陳將復封，封五十二年而遂亡。子產問其故。對曰：陳水屬也，火水妃也，而楚所相也。」最後鄭裨肯定陳國復封後五十二年將歸於楚：「楚克有之，天之道也」。這裏可以看到，「天道」是指東西南北與水火等自然條件與人事間的莫名其妙的關係，這些關係構成巫術的理論基礎，和上帝的意旨無涉，同時也無法用理性去瞭解。《左傳》的這些記載足以證明，五行相克的思想雖未必與〈洪範〉有關⑫，卻已流行於孔子時代，比鄒衍的五德終始說更早。但眞能用理性思考的人卻不相信這些。《左傳》於昭公十八年（前五二三）就記載子產不信鄭裨的話：「天道遠，人道邇，非所及也，何以知之？

---

⑫ 參考本書第六章〈洪範的歷史意義與哲學意義〉。

竈焉知天道？是亦多言矣。」結果也沒有發生什麼事。子產是孔子同時代的人，孔子對他有很高的評價（〈公冶長〉第五16，〈憲問〉第十四9）。子產不信這一類天道，目之爲無稽之談。孔子既不語「怪、力、亂、神」（〈述而〉第七21），也就不會贊成當時所流行的天道觀了。要如他要講天道，那就是〈康王之誥〉中「皇天用訓厥道」一類型的天道，實質上將跟「天命」無異。爲了避免被誤解，孔子索性就三緘其口。

林義正在〈論孔子思想中的道〉一文⑬中指出，《禮記・哀公問》中孔子答魯哀公「君子何貴乎天道也？」之問：「貴其不已。如日月西東相從而不已也，是天道也；不閉其久也，是天道也；無爲而物成，是天道也；已成而明，是天道也。」林文把上面這些話《論語・陽貨》第十七17「天何言哉？四時行焉，百物生焉，天何言哉？」相比。然而，《禮記》是漢宣帝時所編，其中許多篇章都代表荀子學派思想。〈哀公問〉中的說法尤其接近《易傳》思想，不很像《論語》的想法。何況《論語》明明說夫子言天道不可得而聞也，這裏卻說日月西東相從也是天道，似乎不很一致。但即使是〈哀公問〉中的「天道」也和鄭裨所云的完全不同：後者涉及迷信，〈哀公問〉則沒有。

本書〈洪範的歷史意義與哲學意義〉及〈仁之道德原則之創建及其現代意義〉二章指出，孔

⑬ 林義正，〈論孔子思想中的「道」〉，《國際孔學會議論文集》，臺北市，一九八七，頁三五〇。

子從〈洪範〉受益匪淺。〈洪範〉之哲學意義在於肯定大自然與人事均有其獨立規律，同時又肯定這些獨立規律均以帝或天爲根源，奠定了自然哲學、道德哲學、政治哲學、人生哲學、宗教哲學的形上基礎。孔子可謂深得個中三昧，所以他的人文主義植基於他深刻的宗教生活，他的宗教生活又落實於他的人文使命，二者溶合無間。他的宗教生活既在於奉行上天之命，我們就能瞭解，何以他生病時不想祈禱病癒。大自然的規律既來自上天，歸根結柢，大自然的功能當然也可溯源於上天。正因如此，所以孔子才想效法上天不再多講話。《論語》的這一章記載值得引述：「子曰：予欲無言。子貢曰：子如不言，則小子何述焉？子曰：天何言哉？四時行焉，百物生焉。天何言哉？」（〈陽貨〉第十七17）孔子自己能言而欲無言，說明了他絕無意指天無言就不能言。孔子的天不祇是大自然力量；視天爲「能生物不能辨物」的大自然力量，這是戰國時代荀子的看法（〈禮論〉第十九78）。荀子放棄了〈洪範〉的形上學，才會四體投地接受了道家的自然主義形上學。

孔子的「敬鬼神而遠之」「不語怪、力、亂、神」「未知生焉知死」等語卻表示出，孔子不喜歡太側重個人利害型態的宗教，柏格森稱之爲靜態宗教，而側重置個人於度外的動態宗教⑭。一如孟子所指出，孔子尤其反對以人爲祭品的宗教行爲，甚至咀咒「始作俑者其無後乎」（〈梁

---

⑭ Henri Bergson, *The Two Sources of Morality and Religion*, Garden City, N.Y.: Doubleday, 1956. 此書第二及第三部份詳細討論靜態與動態宗教，實係宗教哲學之古典名著。

惠王〉上4）。柏格森所云的靜態宗教充滿迷信，氣度狹窄，當時流行的天道觀正屬於這一類型的宗教。

㈣孟子對天的看法

要如我們僅着眼於「莫之爲而爲者天也，莫之致而致者命也」等句（〈萬章〉上6），可能會以爲孟子的「天」是指大自然，他所云的「命」是指盲目的命運。但如我們同時顧及〈萬章〉上第五章的話，就會發現孟子的眞意。這裏記載孟子的話：「天子能薦人於天，不能使天與之天下；諸侯能薦人於天子，不能使天子與之諸侯；大夫能薦人於諸侯，不能使諸侯與之大夫。……故曰：天不言，以行與事示之而已矣。」這裏的天、天子、諸侯都能受人推薦，又都能接受或拒絕推薦，顯然不是不知不覺的大自然。孟子又說堯使舜主祭，「而百神享之，是天受之」。這裏的「天」也顯然指「百神」；而依據中國最古老的傳統信仰，百神以上有上帝宰制一切。孟子又明言天雖不言，卻以行與事表達心意。稍後又說：「非人之所能爲也，天也」，這句話可以作爲「莫之爲而爲者天也，莫之致而致者命也」的註解：從人的眼光來看是「莫之爲而爲」或「莫之致而致」的事，歸根結柢都是天所爲，都是天的意思。

孟子主張性善，因爲他認爲仁、義、禮、智四端「非由外鑠我也，我固有之也，弗思而矣。故曰：求則得之，舍則失之。」接着，孟子引用《詩經》：「天生烝民，有物有則；民之秉彝，好是懿德。」（〈告子〉上6）。這就是指出，我人固有的四端來自天。

不容否認的是：孟子雖然也講「天之將降大任於是人也」（〈告子〉下15），其所表達對天的看法比孔子更少。但基本上孟子仍篤信傳統的天或上帝，似乎並無疑義。

下編：以天、地、人爲題材之中國哲學思考軌跡

七、〈洪範〉的歷史意義與哲學意義

(一)〈洪範〉的古老年代

《書經》乃中國最古老之經典之一。理雅各譯爲 *"The Book of Historical Documents"*（英文字面之意義爲：歷史文件書）❶，是差強人意的。據傳是西元前二千餘年到六百二十四年間各朝各代文獻之彙集。依照學者考證，傳統上收集在《十三經》裏的五十八篇文件當中，有二十五篇爲僞經，約成筆於晉朝（二六五—四二〇）。其餘三十三篇乃伏生根據記憶所記（秦始皇帝焚書坑儒以後），其中十二篇上溯至西周早期（前一一二二—七七〇）；另外一些爲期稍晚，

❶ James Legge, *The Chinese Classics*, Vol. III: *The Shoo King, or The Book of Historical Documents*, reprinted in Taipei, 1972.

而最晚則在戰國時代（前四〇三—二二〇）。儘管《左傳》稱之爲商書，《書經》中〈洪範〉被編排在《周書》的〈牧誓篇〉之後。〈洪範〉者，大規也，通認爲晚期文件之一，因其提及五行，而五行則被認爲與鄒衍（約前三一一—二七九）的五德終始說有關。大約是董仲舒的關係，把「五行」和五德終始說視爲互相關聯的看法，乃盛行於漢朝及漢朝以後。本論文旨趣之一在於顯示，〈洪範〉本身與鄒衍之學說無關。

梁啟超與戴君仁正確指出，〈洪範〉中之五行（水、火、金、木、土）只不過指示日常生活必備之具❷。《左傳》有時稱之爲「五行」，有時稱爲「五材」，或者稱水、火、金、木、土、穀爲「六府」❸。「六府」與上述五個相繼歷史時期無關，尤爲明顯。其次，《左傳》所記載之「六府三事」與〈洪範〉之「五行五事」非常接近，顯示昭公（前五四〇—五〇九）與文公（前六二五—六〇八）時代「五行」與「六府」幾乎可以混用。文公七年《左傳》記述：「九功之德皆可歌也，謂之九歌。六府、三事謂之九功。水、火、金、木、土、穀謂之六府。正德、利用、厚生謂之三事。」《左傳》又在昭公二十五年提及五行、九歌，二十九年記述「五行之官」，三

---

❷ 梁啟超，〈陰陽五行說之來歷〉，《古史辨》之五，臺北市，明倫出版社，民國五十九年，頁三五〇；戴君仁，〈陰陽五行學說究源〉，《中國哲學思想論集．總論篇》，臺北市：牧童出版社，民國六十八年，頁二二七。

❸ 《春秋經傳引得》（附標校經傳全文）第一册，哈佛燕京學社，臺北市影印本，民國五十五年，頁四一四、四三五、三一八、三七四、一五七。

十二年又提及「地有五行」。此外，《左傳》三次提及〈洪範〉，稱之為〈商書〉：一在文公五年——前六二二年，一在成公六年——前五八四年，其一則在襄公三年——前五六九年，因此該書很可能上溯至這些時代。

有利〈洪範〉源自孔子以前之另一有力論證，乃來自《論語》❹。《論語》中九思之三思與〈洪範〉五事中的三事完全相同。仔細比較「五事」與「九思」，我們有足夠之線索肯定，「九思」的確由「五事」引伸出來。下面乃兩者之對比：

〈洪範〉之五事：	《論語》之九思：
一曰貌，貌曰恭（肅）	貌思恭
二曰言，言曰從（乂）	言思忠
三曰視，視曰明（哲）	視思明
四曰聽，聽曰聰（謀）	聽思聰
五曰思，思曰睿（聖）	疑思問
	色思溫
	忿思難

❹《論語》，一六／一〇。

事思敬
見得思義

上表中，我們將孔子九思中之五思，按照〈洪範〉五事之次序列出。我們會發覺，孔子之九思不僅更完整，並且也更連貫而合乎邏輯。首先，這五種特質（貌思恭，言思忠，視思明，聽思聰，疑思問），本來屬於思想特質，孔子也因而如此稱呼。他完全採納了原先五事中之三事，而第二、第五，則加以他自己的詮釋。經由此一詮釋，這兩種思想變得更接近人生而富有內容。「言曰從」一語意義模糊，摸不到「從」究竟何意，「言思忠」就非常清楚，也就是忠於事實、忠於所思、所許。九思的「疑思問」則是「思曰睿」的具體方法或表現。孔子繼而更以自己的四種思想使原先的五事更臻完整。前兩者（色思義，忿思難）有關個人態度，使第一事「貌思恭」更趨明確，而另兩者（事思敬，見得思義）則關乎外在行動，足以補足第二事「言曰從」。這裏可見到孔子如何實踐其「述而不作，信而好古」之佳例❺。孔子的確忠實傳遞了古書〈洪範〉的思想，並使它更爲完整。

我們可從以上之辯解結論說，〈洪範〉乃極古之文獻，曾經過孔子細讀，部分並加以引伸。它約成書於魯文公（前六二五—六〇八）之前。

❺《論語》，七／一。

也許我們可以考慮另一有利於〈洪範〉淵自孔子以前的證據，亦即古代中國「道」一字之逐漸演進。尋遍《書經》中之三十三篇，「道」字之使用，十分稀少。〈禹貢〉中使用四次，其意是「疏浚」（河道）。「道」在〈康王之誥〉（約前一〇七七—五二）中出現一次，其意爲天的旨意（「皇天用訓厥道」）。〈洪範〉中「道」字出現四次，全部指帝王的意旨。孔子使用「道」字更爲頻繁，但所指限於人之行爲方式，雖然其門徒也曾有一次提及夫子之言「天道」爲「不可得而聞也」❻。《左傳》中，「道」大部分亦僅指人的行爲方式，而有時指「天道」。子產所云「天道遠，人道邇」❼，即指此意。最後經過最可能成書於戰國時代（前四八〇—二二二）之《道德經》，「道」字方被賦以萬事萬物之普遍法則此一意義。由於〈洪範〉中「道」字沒有此一意義之痕迹，我們可以視此爲其古老之佐證。

㈡〈洪範〉之內容及其歷史意義

〈洪範〉若非具非常特別、甚至獨特之性質，光其年代之古老並不足以引起吾人注意。《書

---

❻《論語》頁五／一三。

❼《春秋經傳引得》，卷一，頁三九五。

經》中大部分之歷史文件均指向別人，它們是一些權威性、有時帶有威脅意味之告戒。理雅各很正確地譯之爲 Counsels（忠告）、Declarations（宣言）、Announcements（宣告）等等。其中〈堯典〉、〈舜典〉、〈皐陶謨〉則爲同樣適用於君民之政治與道德原則之宣告。〈洪範〉毋寧屬於此一文類，但內容上卻更豐富，遠比其他文件更有系統。

如所週知，〈洪範〉的敍述始於周朝（前一一二二—二五五年）之奠基者武王（前一一二二—一一一四年）之造訪商朝（一七五一—一一二二）遺臣箕子，而〈洪範〉全文均爲箕子之忠告。依照箕子之言，〈洪範〉九疇均爲上帝授與禹（前一九八九—一九七九年）之規範，藉以適當地治理天下。繼則列舉並詳述這些規範：

第一疇爲五行，亦卽水、火、木、金、土。水之性爲潤濕與下就；火之性爲燃燒與上升；木之性爲曲直；金之性爲屈服與變形；土之性爲供播種與收割……。

第二疇爲五事，亦卽貌、言、視、聽、思。貌曰恭，言曰從，視曰明，聽曰聰，思曰睿。恭、從、明、聰、睿一稱肅、乂、哲、謀、聖（其反面則爲狂、僭、豫、急、蒙）。

第三疇爲八政，亦卽食、貨（財政）、祀、司空（公共工程）、司徒（教育）、司寇（司法）、賓（接待）、師（國防）。

第四疇爲五紀（時間之五種安排），亦卽年、月、日、星辰、曆數。

第五疇爲皇極，卽天子建立其正直無私的至高準則之後，集五福於一身，並擴及子民……。

第六疇為三德，亦即正直、剛克、柔克。承平時，適用正直；亂世，適用剛；安和時，適用柔。對保守與退縮者適用剛，對高尚、聰明者適用柔。

第七疇為稽疑，即選任以龜甲或蓍草占卜之官，並命令他們占卜。當時卜筮之官非常重要，疑難之事均決定於卜筮。根據甲骨文與〈大誥〉的傳統，卜筮是「紹天明」亦即徵求上帝意旨的方法（「予維小子，不敢替上帝命。……寧王惟卜用，克綏受茲命」）。

第八疇為庶徵（各種徵驗），亦即雨（下雨）。暘（晴天）、燠（熱）、寒（冷）、風與時。設若前五項均按序而來，各種植物將會茂盛生長。設若其中任何一項過多或過少，則必有災。有利之徵驗如下：即帝王如莊「肅」，就會有及時之雨；帝王治事有效（乂），則會有及時的晴天；帝王有智慧（哲），則會有適時之熱；帝王如考慮週詳（謀），會有適時的寒冷；帝王「聖」明則有適時之風。此外也有不利的徵驗：亦即帝王的粗魯（狂）會帶來霪雨；統治無效力（僭）會有太多的晴天；懶散（豫）則會有不斷的熱，輕率（急）則會有不斷的寒冷；帝王愚蠢（蒙）則會有不斷的風。

第九疇為五福六極，五福即壽、富、康寧、攸好德（修養美德）、考終命（長命而壽終）。另一方面，也有極端的六種災禍，亦即凶短折、疾、憂、貧、惡、弱。

以上九疇中，第一疇與第四疇描寫人類賴以生存之五要物及與天時有關之自然秩序。此兩類均屬於人間日常生活之直接經驗。第三、五、六疇則構成政治生活的制度與準則。第七疇涉及占卜。第二疇列舉五項倫理規範，第八疇則敍述倫理與自然秩序如何相屬。最後一疇則描寫人人可能遭遇到的種種幸福與災禍。

此九種範疇，彼此雖相關連，但各疇本身均遵循自己固有途徑，因而具自律性。然而，這一文告中的《洪範》九疇均源自帝與天；而古代中國自甲骨時代❽（約前一三二四－一一二三）起，均一致認爲帝與天乃一切自然與人間秩序之最高主宰。廣受討論的一個問題，即帝與天二字的原義是否指祖宗或元首，其實並不重要（例如"Conception"一字，原先乃指懷孕嬰孩，但目下亦指思想的產物——概念）。其實每個字均源自一具體經驗，但字本身的意義則可與原先之具體經驗獨立而繼續發展，心理學所云「功能獨立」（Functional Autonomy）即指此一事實。因此；「帝」這個字原來是否指花蒂或祖先並不重要，重要者乃甲骨與《書經》中的「帝」普遍君臨整個世界，而非僅君臨某些特殊家族或王國（例如商或周）❽。

根據《國語》記載，春秋時代（前七二二－四八一）「有天、地、神、民、類物之官，是謂五官，各司其序，不相亂也。民是以能有忠信，神是以能有明德。民神異業，敬而不瀆。故神降之嘉生，民以物享，禍災不至。」❾天、地、神、民與海德格之"Geviert"（可譯爲「四者」）❿

❽ 島邦男著（李壽林、溫天河譯），《殷墟卜辭研究》，臺北市，鼎文書局，民國六十四年，頁一八七－一八八，二一三－二一五。
陳夢家，《殷墟卜辭綜述》，北京，科學出版社，一九五六年，頁五六一－五六五。

❾ 《天聖明道本國語》，臺北市，藝文印書館影印，民國六十三年，頁四〇二。

❿ Martin Heidegger, *Unterwegs zur Sprache*, Pfullingen: Günther Neske, 1959, S. 22.

恰好相應。但海氏不再講物，因爲它與「四者」都有關係。我們以此觀點可將九疇按下列方式區分：第一疇與地有關；第四疇關係乎天；第二、三、五、六及九疇屬於有日會死的人間世；第七疇與神有關；而第八疇則結合自然事物（天與地）與人類之倫理行爲。此九疇之樞紐厥爲規範五事之五種道德修養的第二疇。若此五種修養未備，或者其反面的邪惡態度得勢，則〈洪範〉相信將發生不吉祥之天災（第八疇）。帝王若懷有此等邪惡之道德態度，則自然界（天與地）不但會錯亂，人與神間的關係亦將緊張。是的，〈洪範〉並未將不祥之天災明顯地歸因於神譴。但如我們考慮《書經》各文件（尤其是〈洪範〉）對天或上帝之強烈信仰，自可假定此點。〈洪範〉除了具有宗教意味外，亦無疑在宣揚道德之首要地位，因爲道德態度是天、地、神、民關係的樞紐；而以後儒家卽繼承了道德的優位性，轉而變成其主要特性之一。

五之數在〈洪範〉中雖然處處都是，但根本並無五德終始說的蹤影⓫。反之，每一範疇均照其本身之性質而具自律性，正如第一、第四疇之某些具體事例最易顯示者：事實上，水、火、木、金、土、日、月、星辰自律地遵循自己的方向，無人能隨意操縱，一如鯀及其子禹特別在治水時所經驗者。道德與政治規範亦皆具自律性：它們均植基於事物的本性。對自然與人文界悉具

⓫ 此一學說闡揚於《呂氏春秋》，卷十三：〈應同篇〉。《呂氏春秋集釋》，臺北市，世界書局影印，民國六十四年。

自律性之洞識，倘若可稱之爲人文主義，則此一人文主義與神律主義之關係，可說完美和諧。因爲依照〈洪範〉，自律規範或九疇均由上帝本身所賜。設若我們不帶任何先入爲主的成見閱讀《論語》，我們會發覺這類思想在孔子身上相當活躍。孔子雖不語怪、力、亂、神等事⓬，他雖然相信「四時」之自動進行（自律性）與「百物」之自生而天無言說⓭，但他也相信天有知有意，深信自己負有上天的使命，我人可禱告於天，並且也可能「獲罪於天」⓮。因此，把孔子視爲一宗教上之不可知論者，文獻上實缺乏根據。

約在孔子時代，中國湧現另一股人文主義潮流。在那動盪時代，無論在政治與個人場合中，暴力與詐欺均日益猖狂；許多人乃開始懷疑蒼天之上是否有一公正而有威力之上帝（參考《詩經》，一九一～四，一九七～八，二三五～六，二四一，二四三，二四九，二五四～五，二五七～八等首）。一部份大膽的思想家乃將事物自然進行與天本身視爲一事，並將其自律功能與神意之關連切斷。「天之道」因而排除了一切超越的上帝之任何含意（參考《左傳》：〈昭公九年〉之3；〈三十二年〉之6；〈哀公十一年〉之3）⓯。最後，《道德經》引進一普遍而無位格性

⓬《論語》，七／二〇。
⓭《論語》，一七／一七。
⓮《論語》，七／二三，九／五，一四／三五，三／一三。
⓯《春秋經傳引得》，第一冊，頁三七一，四三六，四八三。

之「道」。我們很難建立此一道家思潮之確切年表。此一趨勢或許已醞釀於孔子有生之年⑯。依據宣揚並完成道家體系的莊子，做爲一切事物終極起源之道，包含兩種相互對立、交替之陰陽二時期或力量（氣），而「萬物」（宇宙）即從而衍生出來。同時，道亦爲普遍之宇宙法則。據此，李約瑟（Joseph Needham）的主張可能正確：「依據中國之世界觀，萬物之和諧合作乃來自下列事實，即萬物均爲構成一宇宙全體等級之一部分，而各部分所服從者，實乃自己本性之內在命令而已」⑰。如上所述，我們稱此「內在命令」爲自律。然而，他的實證論信念似乎把他匆促地引入下列預設：「爲了相信自然界合乎理性之可理解性，西洋思想家不得不預設一至高上帝之存在。此一至高之存在，其本身爲合乎理性，同時將此一合乎理性之可理解性置入宇宙。中土心靈根本不作此想」；接著他說：「古代中國思想中上帝之非位格化，其源起如此之早，而進展又若是其遠，因此，有一頒佈律法之天神，加命令於非人間之自然界，此一觀念從未發生過⑱」。李約瑟顯然將道家以及與道家相關之思想（包括荀子、《易傳》、宋明理學以及今日之新儒學）認爲是「中土心靈」唯一可能之思想。然而這並不妨礙〈洪範〉背後有一顯赫之「中土心靈」確認，此一自律之「內在命令」並不足以解釋宇宙，它們同時須由上帝賜與。此一自然與人事之自律與

⑯ 《論語》，一八/五—七。

⑰ Joseph Needham, *Science and Civilization in China*, Vol. 2: History of Scientific Thought, Cambridge (England): Cambridge Univ. Press, p. 582.

⑱ 同上，頁五七九—五八〇，五八一。

神律的綜合，構成〈洪範〉一書的歷史性意義。當時兩種對立思想開始二極化與極端化：一方面是古代流傳的素樸宗教信仰，另一方面則是道家傾向。後者推崇一普遍運作之宇宙法則與力量，前者視一切均爲上帝獨斷意旨之決定。〈洪範〉之劃時代意義卽在於採取綜合性的中道，一方面相信天體運行、人的行爲及大地的產物之自律規範，同時不抹殺各種規範均源自帝或天。〈洪範〉之上帝雖非如基督徒所信，從虛無創造萬有，卻是超越此世的世界主宰，有知有意有情（「帝乃震怒，不畀洪範九疇……鯀則殛死……，天乃……」）。中國嗣後哲學思想之演進雖未遵循〈洪範〉之路徑而建構一套道家及陰陽家之形上學，戰國時期以及以後的儒家本身雖亦將道家之形上學（有時兼及陰陽學之學說）視爲己出，凡此一切卻並不表示，〈洪範〉之解決方案不屬於中國人或不值得重視。

(三)〈洪範〉對宇宙秩序的看法及其哲學評估

古代中國與古希臘一致認爲，世間有「道」或 hodós 存在。字源上，「道」表示行動的方向或目的，因爲「首」乃「道」字之主要部份，指行動之目的地（「首者，行所達也」）⑲。而

⑲《說文解字註》（經韵樓藏版），臺北市，藝文印書館影印，民國六十三年，頁七六。

"hodòs" 也具有類似意義[20]。凡此均表示，道路必有其方向。然則「方向」又是什麼？這裏我們寧可回到對每一題材均試予清晰界定之亞理斯多德。亞氏字彙中最接近「方向」的似乎是「位置」(Position)。值得注意是，他並不對之予以明確界定，而是對之作現象描述，稱之爲「相對者」[21]。進一步他把底下之事描寫爲「相對者」：「屬於或不同於另一事物者——或以另一方式與另一事物相關者」[22]。亞奎那以極簡明之方式表達同一思想：「依據事物對另一事物的次序」(Secundum ordinem unius rei ad aliam)[23]。依據這些說明，我人可視道乃以方向及次序爲先決條件。

老子與莊子延伸「道」字之使用，以解釋整個宇宙之秩序以及一切實在事物之秩序。"Logos" 此一希臘哲學中與「道」相對應之字，其原義爲「聚集」與「把繁複導向統一」，其後也逐漸具有「世界秩序」[24]之意。無論如何，古中國與古希臘人似均同意，秩序統御此一世界。今日整個

---

[20] Peter Woo, *Begriffsgeschichtlicher Vergleich zwischen Tao, Hodós und Lógos bei Chuang-tzu, Parmenides und Heraklit*, Taipei: Universitas, 1969, S. 79-80.

[21] Aristotle: *The Revised Oxford Translation*, Edited by J. Barnes, Vol. I. Princeton, N.J.: Princeton Univ. Press, 1984, 6b12.

[22] 同書，6b6-8.

[23] Thomas Aquinas, *De Potentia, quaestio 7, art. 9 Quaesitiones disputatae*, Vol. II. Torino, 1953, 208ª.

[24] Peter Woo, *Begriffsgeschichtlicher Vergleich etc.* S. 144 2150.

文明世界，尤其是科學界，均分享此一信念。

對我人之經驗而言，秩序乃以兩種方式出現：或者它來自自覺之人類（動物雖亦行走並朝某一方向前進，但卻缺乏反省的自我意識），或者來自人類以外之自然界。我們從一己之經驗得知，人類不僅以自我意識採取行動，並且也能意識地採取全新的方向前進。我們之得以如此做，並非由於我們能夠開天闢地，而是在任何意識行爲之前，業已接受秩序與指令。人類與自然界相同者，是與其他一切事物一樣都接受秩序與指令（借用電腦科技之字彙，我們全都被「賦以程式」）；不同者則是人類還能夠自覺地產生新的秩序。因此，世界上有兩種秩序：其一是不能進一步自覺地對其本身賦以新秩序的特定類型之秩序，另一則爲能自覺地產生新秩序之特定類型之秩序。

有關世界秩序方面，我們有兩個可能之選擇，兩者均不該先入爲主地加以肯定或否定。或者自然界所呈現之秩序爲包含更廣的秩序之一部分，而後者最後經由一更優越而具自我意識之思想者所思，或者人類能以自我意識方式創造新秩序之思考，最後受制約並可歸約於大自然的規律或結構。前一選擇爲主張有神論之〈洪範〉的選擇，而第二選擇則導致泛神論或自然主義之解決方案。

後一解決方案在今日世界中日益風行，但它又可區分成兩個陣營。其一認爲某些固定之規律或模式爲不可歸約之終極因素（例如陰陽之交錯與統一，正反合的辯證規律、結構、種子的理等等）。另一則認爲，規律或模式最後純係偶然的產物[25]。下一章將討論下列難題：卽本身缺乏任何秩序之偶然，是否仍能有系統地產生更複雜之秩序。我們且先討論上述兩種表面上似無法融合之解決方案。

乍看之下，我們似乎陷入一無法解決之康德式之正反相背（Antinomy）；或者自覺地創造秩序之思想只是自然規律之一部份，而最後可歸約於自然規律，或者是自然秩序終須由一自覺之思想者所思。〈洪範〉正好前來解救此一難題，因爲它倡導此兩種對立選擇之綜合：世間有自發自律的秩序，同時此秩序最後由一更優越而在思考之心靈所思索。

這裏有兩個問題需要答覆。第一，〈洪範〉透過思考的「帝」或「天」來解釋大自然與人世的規律是否合乎理性。第二，自發自律的秩序如何能同時由一更高之思考心靈所思？要回答第一問題，〈洪範〉似乎認爲，更高與更多之物不可能來自更低與更少；同時認爲，一個自覺地創造秩序的秩序，比一個單純的秩序更高更多。後者必然以前者爲基礎。

〈洪範〉作者爲何採取此一思想路線？其理由可能在於能够有意識有目標地創造秩序的人之眞實存在。沒有此一事實，我們或許可以辯稱，此一世界會是自本自根之「道」的產物。然而人的思想能够有意義地產生新秩序這件事實具有關鍵性。今天，我們熟悉電腦程式中的次序，以及程式的創思者。透過所輸入之程式，電腦能產生神奇無比的功能，同時，此一程式之內容可以無

[25] Jacques Monod, *Le Hasard et la Nécessité*, Paris: Editions du Seuil, 1970, pp. 147-152.

限制地傳遞到其他機器，但此一程式卻不能自覺地改變自己的方向；更重要的是，它不了解自己操作之意義。同理，〈洪範〉的作者也遭遇到下列棘手問題：自覺地創思秩序的思想活動能否僅藉某種既有秩序獲得解釋。抑或人類自覺地創思新秩序這件事實，必須藉著一創思秩序的更高思想者才能圓滿地獲得解釋？〈洪範〉之作者顯然決定採取後者這一選擇。

今日許多人排斥〈洪範〉之選擇，認爲它已經過時，往往是懷疑它跡近擬人說。但在宣稱有更高思想者爲宇宙秩序之終極原因時，實際上並非擬人說，而是一種類比思想方式。身爲人類，理論上我們至少可以想像出超乎人、屬於人、以及人以下等領域。當然，我們直接經驗到人的領域，同時，透過人的領域，我們也經驗到人以下的領域，而超乎人之領域對我們並不直接可及。但更多之物不可能來自更少，這是理性最基本原理之一；而宇宙間不單有已呈現之秩序，抑且有自覺而有意義地創思新秩序的人類，則是鐵一般的事實。既然如此，我們便着實有令人信服之理由去接受一個創思秩序的超乎人以上的力量，而此力量只能藉類比思考方式（亦卽部分類似，而部分不同）可以企及。透過此一類比思維我人可以推斷；此一更高的創思秩序的力量，並不和任何能思的人一樣，而祇能超過人以上，不可能低於人的思想。這樣的類比思考方式雖很淺薄，卻仍是達到超乎人以上領域的僅有階梯。討論類比思考的論著頗多，我人如願有一入門性的介紹，可閱波亨斯基（Bocheski）的《類比之分析》㉖。放棄類比，我們就必須透過次於人的自然歷程

㉖ J. M. Bochenski, *Logik der Religion*, 2. Auflage, Paderborn: Schöningh, 1981, S. 133-7.

與規律來解釋人類的創思能力。僅用進化概念來搪塞仍屬無濟於事，因爲進化本身仍係某種歷程與規律，本身需要解釋。以我個人而言，我實在找不到任何非用低於人的因素來解釋人類不可的理由。

然而，內在地自律自發的秩序如何能由一更高之創思者所思？此一綜合最後必須奠基於能夠理性地化解這兩種似乎矛盾之主張的形上學。亞里斯多德——多瑪斯學派正好提供了這一形上學。康德的批判並無損於它的有效性與活力。當然，本文無法證明此一立場。我們在這裏僅能說明，依照多瑪斯學派之形上學，「觀念是最初或原始型式，抑或事物之恒存不變之本性。因爲它們本身並非被形成。」亞奎那這裏同意奧古斯丁，或許也同意柏拉圖與老子，相信觀念或道的原初性，相信觀念與道無須被形成，因爲它本來就是如此。例如，一個數學公式就代表一個內在的必然性，無須任何力量去形成它；卽使是一個美麗的旋律似乎亦非人爲，而是自律地遵循其內在的必然性。但自律與自本自根並非一事。

依照亞奎那，每一有限之本質乃是一分享之本質，而每一有限之存在則須奠基於一無限之存在上。「每一受造物之所以有其固有本性，卽在於它以某種方式分享神的本質之類似性。依此，上帝於知悉其本質可由此一特殊受造物以此特殊方式加以模仿時，也知悉反映在該受造物特有之本性與觀念上之神之本質……。上帝知曉許多事物所特有之許多本性；而這些本性卽爲許多觀念。」[27]

此一想法之關鍵性觀念乃是：事物的自律自發之秩序乃是神之本質的相似性；而上帝既完全知悉自己的本質，因此也知悉事物的本性及其內在秩序。〈洪範〉以比喻方式表達了此一觀念：「天乃錫禹洪範九疇」。此比喻所表達的內容是：〈洪範〉九疇所代表的是自然界與人事的自律規範和內在本性，同時也反映出上帝本質的一部份。而大禹因上帝之賜知悉了自然界與人事的內在規律。

㉗ Thomas Aquinas, *Summa Theologiae*, Vol. 4: *Knowledge in God* (la, 14-18) Latin text, English translation, Introduction, Notes & Glossary by Thomas Gornall S.J., London: Blackfriars, 1964, pp. 64-69.

八、〈洪範〉面對非理性或自律的合理性
——合理性終極起源的討論

㈠合理性問題的現代意義

合理性（Rationality）在今天是一個非常流行的論題。不祇是頗普爾（Karl Popper）的批判理性主義不斷地談及它，而且有些人認爲「自身相關涉系統」就構成了合理性❶。與此有關，「人工智慧」（Artificial Intelligence）也應提出來討論。很多人理所當然地以爲人工智慧能夠如人類一般作理性思考、決定與選擇。同樣，也有人嘗試將人的頭腦化約爲一具「普遍的圖靈機

❶ Niklas Luthmann, *Soziale Systeme*, *Frankfurt*, 1984. 引自 Juergen Habermas, *The Philosophical Discourse of Modernity*, Cambridge: Polity Press, 1987, 368-385.

器」（Universal Turing Machine），以爲一套嚴密而有規律的程序對電腦與人腦均同樣有效。

本文認爲這些思考成果亦具局部價值，但基本上同意我國古代〈洪範〉的論旨，即合理性終極地起源於一更高的理性思考主體，而不單是源自盲目的歷程或任何自律的自身相關涉系統。

首先需要對「合理性」一詞作一定義。「理性的」（Rational）源自拉丁文 ratio＝reason）原始意義指謂著人類獨特的應用概念與推論的思考方式。就類比意義而言，思想內容遂被稱爲理性的，就如臉容的顏色與某些食物被稱作是健康的一樣：因爲它們跟人的健康有關。因此，能作理性思考的人本身才眞正是理性的或非理性的，思想內容祇類比地是理性的或非理性的。

一開始我就必須承認本文的限制。相關的論著卷帙浩繁，但我並不打算對牽涉到的所有論題逐一細究。我只想就形上學的觀點加以論述。首先，我將對下述三點作一扼要的敍述：㈠演化的知識理論，㈡事物的自律內在命令，㈢人工智慧。然後，我會把這些理論跟我們中國古代文獻——〈洪範〉的論旨作一比較。

㈠演化知識論的解答

演化知識論（Evolutionary Epistemology）一詞約於一九六五～六年間由坎貝爾（Donald

T. Campbell）所援用。它代表頗普爾在其眾多論著裏的思想，並且最後為頗普爾本人所採納。然而，它的意義並非如我們對「知識論」一詞所習用的一般意義，因為它並不告訴我們如何認知以及我們的知識為何有效。這些都不是演化知識論所關切的，它主要關切知識的增長問題。在頗普爾的想法裏，科學知識的增長是依下述方式進行的：科學的討論由一個問題（P^1）肇始，對於這個問題我們提出某種臨時理論（Tentative Theory，簡作TT）予以解答；此理論在嘗試剔除錯誤(Error-Elimination，簡作EE）時遭到批判；臨時理論及其遭批判後的修正又會引出新的問題（P^2）。整個過程按下列形式反覆進行：

P^1 —— TT —— EE —— P^2

到此為止，頗普爾停留在科學哲學的領域裏。演化知識論中全新的因素是將上述理論延伸至演化論的領域裏。頗普爾在其獨具慧心的文章〈雲與時鐘〉（Of Clouds and Clocks）裏，先對「適者生存」這句格言作出批判。他以為這句話不過是同義反覆（Tautology），因為「最合適者得以生存」只意謂著「生存下去者才生存下去」。他試圖使達爾文物競天擇的理論「比較不含糊」，並且將「生命的演化解釋為嘗試與剔除錯誤的歷程」。根據這一想法，一切有機體不斷地從事於問題的解決。這是客觀意義下的問題：它們不一定要被意識到。問題之解答常依嘗試與錯誤的方法進行，或是藉著剔除不成功的形式，或是經由提出新反應、新形式、新器官、新行為模式，或是提出新假設，並以剔除錯誤來證驗它們。由於P^2表徵著與P^1相對抗之全新事物，頗普爾相信他已經對一般被稱作「創生的演化」或「突現的演化」給予一合理的說法。嘗試與錯誤的歷程或多或少有機遇的特性。雖然頗普爾並不認爲此歷程完全是機遇的結果，可是他卻毫不猶豫的認爲「遺傳的突變」多少能被詮釋爲嘗試與錯誤的偶然賭注❷。

坎貝爾大約更向前走了一步：頗普爾將自然的選擇歷程「嘗試與錯誤」視作「目的論成就之非目的論的普遍解釋」。因此，有生命的有機體內之目的論能在一「盲目的變化選擇與留住的歷程」中找到它們的解釋❸。這種論調讓我們想起莫諾（Jacques Monod）的觀點，他把生命、進化以及人類歸功於純粹的機遇：「純粹的機遇、唯一的機遇，絕對而盲目的自由是演化奇異建築的源流；現代生物學這一中心思想今日已不僅係許多可能或可以設想的一個假設，而是唯一可以設想的，因爲只有這個假設可以與觀察及經驗事實並存。」❹在此觀點下，機遇與物理的機械論成爲生命及一切目的與理性秩序之終極原因。

---

❷ Karl Popper, Autobiography, in: Paul Arthur Schilpp (ed.), *The Philosophy of Karl Popper*, La Salle, Ill.: Open Court, 1974, 106-7. Karl Popper, Objective knowledge: *An Evolutionary Approach*, rev. edition, Oxford: Clarendon Press, 1983, 242, 244-5.

❸ Donald T. Campbell, Evolutionary Epistemology, in: P. A. Schilpp (ed.), *The Philosophy of Karl Popper*, 420-1.

❹ Jacques Monod, *Le hasard et lanecessité*, Paris: Seuil, 1970, 148.

是的，頗普爾視物理決定論爲一場夢魘，因爲它斷稱整個世界是一座巨大的機器，而人類的創造性與自由只能是幻象而已❺。儘管如此，頗普爾認爲所謂的第三世界（思想、藝術與文化的客觀內容）是「人類的自然產物，有如蜘蛛的網一般」，一個「客觀知識」的世界，沒有認知主體而能够存在的世界❻。如所週知，頗普爾的三個世界理論中，除了剛剛提及的第三世界之外，第一世界是指眞實的物理對象世界；第二世界是指吾人內心中的意識世界。由於產生意識世界及文化世界的人類是演化的產物，因而盲目的物理機械論亦必爲第二及第三世界的終極原因。

在這一整體脈絡下，我們無須訝異於頗普爾之堅認人類理性的根源是非理性的：「對理性的非理性信仰」，而這非理性的信仰是奠基於道德的抉擇❼。他的門生對「整全批判的」或是「泛批判的」理性主義長篇累牘的討論，並不能說服我們去相信這樣的理性主義能够理性地證成自身❽。

❺ K. Popper, *Objective Knowledge*, 217, 222.
❻ *Ibidem*, 112, 106-7.
❼ K. Popper, *The Open Society and Its Enemies*, London: Routledge, 1971. 我引自中文版《開放社會及其敵人》，臺北：桂冠出版社，1984, 984-5, 148-9.
❽ Gerhard Vollmer, On Supposed Circularities in an Empirically Oriented Epistemology, in: *Absolute Values and the Creation of the New World*, Vol. II, New York: The International Cultural Foundation Press, 1982, 783-833.
W. W. Bartley III, The Challenge of Evolutionary Epistemology, *Ibidem*, 835-880.
Gerhard Radnitzky, In Defence of Self-Applicable Critical Rationalism, *Ibidem*, 1025-1069.
J. W. W. Watkins, What Hats Become of Comprehensively Critical Rationalism? *Ibidem*, 1087-1100.
W. W. Bartley III, The Alleged Refutation of Pancritical Rationalism, *Ibidem*, 1139-79.

三 道或事物的自律內在命令

《科學與中國文明》的作者李約瑟（Joseph Needham）作了很大的努力，讓中國對科學的貢獻易於通達。沒有他的努力，不僅全世界人士對此茫無所知，連中國人自己都蒙在鼓裏。在論及人律與自然律時，他以自然的自發性爲道家的典型面貌。我同意他的看法，這確實是道家及宋明儒學的立場。根據陳淳著的《北溪字義》（一本堪稱爲哲學辭彙的著作），道與理在中國哲學裏的意義大致是相通的，意指圖案或結構，或是事態及事物自然的、不能逃避的法則。這正是《道德經》所言：「人法地、地法天、天法道、道法自然。」（二十五章）

李約瑟在註解這段文字時，加了下述評論：「依據中國之世界觀，萬物之和諧合作……乃來自下列事實，卽萬物均爲構成宇宙全體之一部分，而各部分所服從者，實乃自己本性之內在命令而已。」❾ 因此，「道法自然」只意謂著遵循事物的內在本性，或如加普拉（F. Capra）所陳構：「在不可分割之宇宙中依照萬有的相互關係及自身一致性。」❿

---

❾ Joseph Needham, *Science and Civilization in China*, Vol. 2, *History of Scientific Thought*, London: Cambridge University Press, 1956, 565-6, 582.

❿ Fritjof Capra, *The Tao of Physics*, *Bungay*, Suffolk: Fontana/Collins, 1978, 305.

自然的自身一致性是一個十分精巧獨創的觀念，尤其是涉及事物的數學關係時。這些關係並非外加的，而是內在的、自律與自身一致的。所有眞的數學公式都是如此。多瑪斯曾以同樣的方式表述：「準此，被稱爲符合事物本性的，是依照事物本質而屬於它的東西，亦卽本來就內在於事物的東西。」⓫這意謂著自然的自身一致性屬於任何事物。

可是，我並不贊同李約瑟斷然稱中國古代思想已普遍否定了上天的法則授予者；李氏並認爲上帝在中國古代已被徹底非位格化到了那樣的程度，以致中國古代思想從來沒有發展出「神聖的上天的法則授予者將規範加諸於非人性的自然」這樣的觀念。正如我在上一章⓭已經詳細說明，而且打算在本文中作進一步發揮，這樣的斷言已直接爲〈洪範〉所否定。

李約瑟稱內在的「宇宙圖案」爲理性的，因爲它是理性地可理解的，並且它具現於人之內⓮。但是，它在人類出現以前又如何？宇宙圖案是否如黑格爾將之稱爲「客觀精神」一般，它便是其自身合理性的原因？無論如何，李約瑟對這些問題並沒有給予任何回答。

⓫ Thomas Aquinats, *Summa Theologiae*, I-II, Q.X, art 1, c., Torino: Marietti, 1940, 69.
⓬ Joseph Needham, *Science and Civilization in China*, 563-4, 579-581.
⓭ Th. Hang, The Historical and Philosophical Import of Hungfan, in: *The Asian Journal of Philosophy*, Vol. I, No. 1, 1987, 1-16.
⓮ J. Needham, *Science etc.*, 580.

(四)人工智慧與人的智慧

「『人工智慧』（Artificial Intelligence）試圖設計具智慧的（即理性的）計畫與解決困難的系統，對這些心與物問題已開始溢出新的亮光……。」這是《哲學中的電腦革命：哲學、科學與心靈模式》一書作者史洛曼（Aaron Sloman）的話。顯然，他將「理性的」跟人工智慧所能執行的等同起來。而且，他確信人工智慧能對心物的哲學問題給予新的燭照。他甚至認爲未來會發生人類對機器人的「種族」歧視，並且還認眞地預言將來會有「機器人的解放性社團」⑮。

雖然有些人將人工智慧的誕生追溯至馮．諾伊曼（John von Neumann, 1903-57）與圖靈（A. M. Turing, 1912-54）二人，但也有人認爲一九五六年的達爾茅次會議（Darmouth Conference）是人工智慧的發源地。我們用這一名詞表示以電腦來模擬具智力的人類行爲。只要輸入適當的程式，電腦便能對不同領域的精密問題提供答案（例如：一間旅館裏有多少空置的房間、各種疾病的症狀如何等等）。明顯地，資料都是由不同領域的專家所提供的。雖然電腦在某些方面勝於人類的效力，尤其在運作的速度上，但它祇不過是機械地執行既予的程式而已。然

⑮ Aaron Sloman, *The Computer Revolution in Philosophy: Philosophy, Science and Models of Mind*, Hassocks, Sussex: The Harvester Press, 1978, XIII, 273.

而，這種人類行爲的機械式模倣卻被稱爲「人工智慧」，儼如機器本身能思考及具有智慧一般(P. McCorduck: Machines Who Think, 1979)。大部分的人工智慧科學家都假定人與機器間的「認知」能力大致上並沒差異的工作假設⑯。波登(Margaret Boden)採取一個更大膽的立場：人工智慧所提供的新機器觀，比起爲人所熟知的機械論觀念更爲有力，也「解決了大部分心物之關聯如何可能的這類古老形上學疑問」⑰。因此，假如在一般人想法中認爲人工智慧不但具有與人類智慧同等的價值，甚至有凌駕其上之勢，這是不足爲奇的。在我撰寫這篇文章之際(一九八八年十一月二十二日)，《聯合報》報導第五代電腦已經在日本誕生，它能夠記憶、聯想、甚至推論。

誠然，頗普爾聰慧過人，不致採納這樣膚淺的觀點。對於「電腦能否思考」此一問題，他的答覆是斷然的否定。電腦對他來說不過是一支「榮耀化的鋼筆」(A Glorified Pencil)。他說這句話，是因爲愛因斯坦曾經說過：「我的鋼筆比我聰明」。「配備起筆桿子，我們會比原來聰明一倍；配備起電腦，就會比原來聰明百倍不止。」儘管如此，頗普爾仍然認爲電腦完全有別於人腦，因爲人腦的主要功能不是去計算，而是指導及平衡人的機體，並使之繼續存活⑱。

⑯ Margaret Boden, *Artificial Intelligence and Natural Man*, Hassocks, Sussex: Harvester, 1978. 引自：Joerg H. Siekmann, Kuenstliche Intelligenz, in: *Universitas* Jg. 39 (1984), 1245.
⑰ *Ibidem*, 1245.
⑱ Karl Popper and John Eccles, *The Self and Its Brain*, Berlin: Springer International, 1977, 207-8.

頗普爾的門生則積極採取了人只是一具機器的想法：他可能是一具品質極其優良的機器，卻仍是一機器而已。有一種論證以下列方式表述：人腦與電腦同樣遵循一套解決問題的算法程序（Algorithmic Procedures）。算法（Algorithm）一詞溯源於公元九世紀的阿拉伯數學家阿爾科瓦拉次米（Alkhowarazmi），他是第一位寫出阿拉伯數字計算法精確規則的人。由他的名字衍生出算法一詞，意指解決問題的固定程序。由於有許多問題領域，因此也就有各種不同解決問題的算法。機器按照算法運轉：它們祇是算法的體現。人腦與電腦都是如此：兩者皆是普遍的圖靈機器。一如佛爾梅（Vollmer）所指出，電腦仍處於其原始階段：誰能預測它未來的發展呢⑲？

(五)上述理論的共同形上學基礎及〈洪範〉的解答

總括上述三種理論的共同根據，事實上我們在其基礎裏都發現道家或性質相同的形上學。按照道家的想法，道自身是自律或自身一致的：它是萬物之終極根據，無需任何位格的存有者來思

---

⑲ Gerhard Vollmer, Der Mensch——eine Maschine? Zum Vergleich von Gehirn und Computer, in: *Universitas* Jg. 43 (1988), 857-863.

想。此終極的道被認爲是機遇的結果，或是本身自爲原因（Causa sui，自本自根）。那些將演化歷程或算法視爲有機體及整個宇宙之來源的人確實是這樣想的。

事實上，《道德經》的一種基本洞察是：「道生一，一生二，二生三，三生萬物。萬物負陰而抱陽，沖氣以爲和。」（四十二章）

根據淮南子的闡釋⑳，「一」指謂著道自身，它包含或被分爲「二」——陰陽，前者是被動因素，後者是主動因素。「三」則指謂著陰陽二因素的調和。因而道被認爲自身充滿活力及理性，因爲它是萬物有秩序地發展的基礎，無論這發展是辯證的或非辯證的。就如《道德經》四十八章所言，道是「無爲而無不爲」。道沒有位格性，然而它是一切理性秩序的根源。頗普爾會毫不猶豫的將之稱爲「客觀知識」，因爲它不爲任何人所思想。只有當人類接受無所不包的道，他才是理性的，或者可說人類是藉由涵容萬有之道的發展結果。黑格爾的辯證法顯得好像是道家哲學的一個附筆。當然，這裏我無意肯定二者間有傳承關係，因爲缺乏歷史上的確切證據。這一傳承關係卻並非不可能。

道的原始合理性被設想爲萬物之始元。它甚至先於上帝而存在（第四章），「以輔萬物之自然而不敢爲」（第六十四章）。它構成「天之道，損有餘而補不足」（第七十七章），「不爭而

⑳《淮南子》，卷三〈天文訓〉。

善勝，不言而善應，不召而自來，繟然而善謀。天網恢恢，疏而不失」（七十三章）。這以外，道家也會贊譽莫諾、頗普爾或黑格爾，因爲他們藉著演化或辯證法更詳盡地闡明了道之全能及涵容萬有的動力。

然而除了宏偉的道家形上學以外，還有一種由另一位古代思想家——〈洪範〉的作者所發展出來的包羅萬象的形上學。在上一章中我已廣泛地談到，此一完成於公元前七世紀而早於孔子的文獻，將天地萬物、人類行爲（道德的與政治的）及卜筮功能置於九個範疇裏。每個範疇均有依其本性的規範，而這些範疇都是自律的。這種想法跟各範疇源自於天或帝並不相悖。〈洪範〉裏的上帝並不是一個終日忙亂的統治者，也不是一個事必躬親的頑固暴君，祂是九疇法則的有智慧的授予者。這些法則實即表顯於九疇的各種事物本性㉑。

道家與〈洪範〉兩種形上學間的中心問題是：在整個宇宙中何以會發生合理性？〈洪範〉的回答非常清楚：其合理性來自一至高的思考心靈。李約瑟似乎主張中國只有過一種形上學系統——道家傳統，這種想法與事實不符㉒。

可是，當〈洪範〉肯定它的九疇來自至高上帝的更高思考心靈時，它又是否合乎理性？下述的理由似乎支持〈洪範〉的論旨：

㉑ Thaddeus T'ui-Chieh Hang, *The Historical and Philosophical Import of Hungfan etc.*

㉒ Joseph Needham, *Science and Civilization in China*, Vol. 2, 581.

首先，演化知識論最後奠基於機遇，因而它奠基於非理性的基礎上。事實上，在詮釋物競天擇與遺傳突變導因於嘗試與錯誤的偶發因素時，頗普爾已經預設了新達爾文主義的演化理論㉓。由於演化純然以機遇而發生，所以頗普爾的演化知識論跟莫諾「偶然與必然」的理論相一致。機遇——一個全然非理性的因素，因而成爲演化及一切合理性的根源。

是的，頗普爾把他的理性主義植基於道德信仰。可是，如果這道德信仰本身是純粹生存競爭及純粹機遇的結果，那麼這信仰本身便是非理性的；猶有甚者，這信仰本身是無稽的。就我所知，所有以物競天擇爲基礎的演化理論都預設業已存在且具有秩序的物理及生物世界。可是他們忘了他們在談具有普遍特性的演化。一如莫諾在《偶然與必然》（*Le hasard et la nécessité*）的開首處引述德謨克利圖斯（Democritus）的話時已指出：「宇宙中存在的一切均係偶然與必然的成果」。頗普爾本人對這問題的想法雖然不很清楚，但坎貝爾在批評剖爾斯（Peirce）「神導引之演化論」的觀點時則很清楚地闡述了他的觀點。此時此刻，我們對剖爾斯的確實想法如何並不感興趣；重要的是坎貝爾對普遍演化論的觀點：顯然，他以爲自然律是演化的產物，並且它仍持續地在演化中㉔。在此設定下，業已具備秩序的物理及生物世界是不能被預設的，也不能考

㉓ Karl Popper, *Objective knowledge*, 242-3.

㉔ P. Erbrich, *Professor Monod und der Zufall*, in: *Orientierung* (*Zuerich*), Jg. 36, Nn. 2, u. 3, 1972. A. Gosztonyi, *Die Philosophie des Zufalls und die Lebentwicklung*——*Jacques Monods Deutung*, *Universitas* Jg. 29, 1974, Heft 1, 83-88.

慮到已經有了生物及其所處之環境。我們必須從德謨克利圖斯的絕對混沌及「漩渦」開始，在那裏，純粹機遇藉由嘗試與錯誤成爲演化的選擇歷程之終極原因。每個人將會看出，若單憑機率的計算，由德謨克利圖斯的絕對混沌而生之演化是全然不可能的[25]。頗普爾於一九八八年布來頓世界哲學會議（八月二十四日下午）的一場演講中曾一再提及「傾向」（Propensities）。要如這一名詞所指的是盲目的演化機遇，則仍然無法解決問題。亞里斯多德才提出並解答了眞實的問題——實現性優先於潛能性之問題，他主張：「實現事物之由潛在事物產生，恆藉某些已實現之事物而成」[26]。僅從一潛能地存在——即仍爲缺如之秩序，不可能有演化秩序之創設。

如果秩序與合理性不能從不存在的秩序與合理性中衍生出來，那麼一個自身一致與自律的「宇宙圖案」或「事物內在指令」的理論，仍爲一較理想之解答。「自本自根」的道[27]，跟西方哲學——例如斯多亞學派或黑格爾的哲學有頗多相類之處。對此，黑格爾曾有一句名言：「合乎理性者必爲眞實的，眞實者必爲合乎理性者」（Was vernuenftig ist, das ist wirklich, und was wirklich ist, das ist vernuenftig）[28]。

顯然地，這樣一種合理性並不需要一位具有意識的思想者，就好像頗普爾稱他的「第三世

---

[25] Donald T. Campbell, *Evolutionary Epistemology*, 440.
[26] Aristotle, *Metaphysics*, 10 49b 24-25.
[27] 《莊子・大宗師》第六。
[28] G.F. Hegel, *Grundlinien der Philosophie des Rechts.* 引自中文版，臺北，一九八五，十一。

界」爲「沒有認知主體的知識」一樣㉙。當然，在頗普爾的第三世界跟自身一致的宇宙圖案或是黑格爾的客觀精神之間存在著差異，因爲「第三世界」被設定爲選擇的演化之結果，而選擇的演化則是機遇的最終成果。反之，自身一致的宇宙圖案在其自身是理性的。這樣的自身一致性表顯在數學公式中最爲明顯。士林哲學稱之爲本質關係，懷海德（Whitehead）則稱之爲永恆對象。本書前一章中，我曾討論到多瑪斯將自身一致的合理性跟上帝的本質綜合起來的獨創解決方法。我並不是說〈洪範〉本身對上帝的存在能給予證據，我想說的只是：〈洪範〉對九疇（它們顯然是思想內容）背後的最原初思想主體之看法並不是獨斷的，而是有理性根據的。

以其本身而言，自律的合理性之觀念並非那麼不可想像。如果這觀念自身是荒謬的，那麼，柏拉圖與黑格爾這些偉大思想家也不會有這樣的想法。在業已提及的文章中，我已曾說明，何以在任何自身一致的合理性出現以前，終極地必須先有一個最高的思想心靈。鑒於這個問題的重要性，容我簡要地重述這一推理。〈洪範〉主張在任何現成的秩序及合理性出現以前，先有一個具自我意識、合理性及創造性的思考心靈，這一想法之所以是正確的，因爲它們已在具自我意識、能從事理性及創造思考的人類心靈之中被發見。人類心靈如果是純粹盲目的演化結果，那就來自存在於宇宙中的不具自我意識以及缺乏意義理解的低於人的秩序。宇宙秩序之隸屬於低於人的領

㉙ Karl Popper, *Objective Knowledge*, 109.

域，我們能從它們發生作用時的機械性充分見到，它們對自身而言並無任何意義。反之，一如海德格（Martin Heidegger）在《存有與時間》中雄辯地指出，世間只有人的「此有」(Dasein)對他自己及別的存有者才具有意義㉚。馬賽爾（Gabriel Marcel）亦同樣指出：我們的確從電腦及衛星所記錄的資料獲益良多，然而這些工具所回答我們的，並不比體溫計回答那希望知道病人體溫的醫生顯得更有意義：人類仍然是那唯一接納有意義答覆的發問者㉛。換言之，電腦及其他工具所記錄的資料只有藉由人類才能獲致意義。明白地說，世間並無不具認知主體的知識存在；能夠存在且獨立於認知主體以外而存在者，只是知識的材料。頗普爾為了證明第三世界自主性而提出的兩個思想實驗，對知識的材料而言是有效的，然而對於知識自身卻無所助益。第三世界與蜘蛛網之間有著本質上的差異，因為蜘蛛網的築構是源自天賦的能力，反之，第三世界則是人類創造性思考的產物，而且它需要人類的知識使之具有意義。沒有蜘蛛的蜘蛛網也許會偏離其適切的使用，但卻仍是一張蜘蛛網；反之，第三世界只有為了認知主體並藉由認知主體才能獲致它的意義，否則它便毫無用處。

沒有認知主體的知識或知識論基本上是模稜兩可的。以此含糊之詞來論辯關於人類及有意義知識的論證，將有導致「四個名詞」（Quaternio Terminorum）謬誤的危險，因為事實上此論

㉚ Martin Heidegger, *Sein und Zeit*, Tuebingen: Max Niemeyer, 1957, 151.

㉛ Gabriel Marcel, *The Existential Background of Human Dignity*, Cambridge, Mass., Harvard University Press, 1971, 37-38.

證祇談及知識的材料。這些知識的材料不單在人造的第三世界裏被發現，而且也出現於自然界。在此意義下，自然界適切地被培根稱爲一本書。但這些祇構成古典拉丁術語所講的 Intelligibilia（可理解之物），而不是 Intelligere（Intus legere＝內在閱讀＝理解）。如前所述，這些可理解之物只能算是知識的材料而不是知識自身。更正確地說，祇有理解本身才是理性的以及創造性的：它是生命的高度彰顯，不能將之化約成只是爲知識提供材料的可理解之物。頗普爾卻已由可理解之物推論到理解本身。

如果適切的人類知識不能被化約爲知識的材料，也不能將之由立基於純粹機遇的變化來加以解釋，那麼我們就得仗賴一更高的思考主體。人類可能是演化的一個結果。但依上述前題而言，演化自身必須是由一位更高心靈所策劃。

由理解與可理解之物或知識與知識材料之間的明確區別來看，人工智慧明顯地不具有任何智慧，它祇是幫助我們認識的工具而已。人腦及人整體也許呈現出很多跟機器相仿的功能，但是一個人絕不祇是一部機器，因爲他能了悟意義，並且具有自我意識與創造性的思考能力。

由於本文的基本論旨在於處理合理性的終極根源，所以對人工智慧的這些說明對現前的目標來說也許是足够的了㉜。我期盼對這個問題已提供了些新的啟發。

㉜ 項退結，〈人工智慧的若干哲學問題〉，「人文與社會科學的哲學基礎」研討會，臺北市，政治大學哲學系，民國七十八年，133-149。

九、中國無神論知識份子的兩難論證

有人說：「西方是有神的，中國是無神的」，這句話並不準確。最多可以說，戰國時代以後的中國知識份子比較傾向無神論。但中國知識份子不能代表全體中國人；中國老百姓所信的尊神、佛、菩薩實際上代表具位格性的神，而敬禮這些尊神、佛、菩薩的廟又隨處都是。因此，就最大多數的老百姓而言，中國人與西方人都是有神的，不同點在於中國知識份子自戰國時代以來就一貫地和老百姓的宗教生活脫節❶。

㈠從有神論走向兩難論證的歷史軌跡

❶ 李震，〈先秦哲學中無神主義思想的傾向與特質〉(上)(中)(下)，《哲學與文化月刊》第十五卷第十二及期第十六卷第一、二期；〈王充與無神主義〉，同一刊物第十六卷第五期。

1.中國古代有神論稍欠週密的三種理性推論

中國在甲骨文時代（殷商）一直到西周時代，統治階級與老百姓都深信帝、上帝或天宰制著大自然與人世，這是一件公認的歷史事實。甲骨文開始稱至上主宰爲「帝」，以後爲了和人世的帝區別開來，稱天上的主宰爲「上帝」❷。《書經》最古老的〈十二周誥〉習於以「上帝」與「天」的名號並稱（例如〈大誥〉、〈康誥〉、〈召誥〉、〈多士〉等）。上帝或天雖非舊約中從無中創造世界的唯一神，卻顯然是超越於世界的主宰。

相信至上主宰可能有三種途徑。第一是從人的「道德事實」推演出人有自主能力及對自主的行爲負（道德或法律）責任，進而相信至上主宰會主持人間的公道。我用「道德事實」一詞來說明第一途徑，正因爲它非常接近康德所云的 Faktum der Sittlichkeit❸。如所週知，康德認爲道德原則的自律性是一件事實，而人的自主能力、靈魂的不滅及上帝的存在則係與道德事實相關的實踐理性的三項要求。甲骨文並未明顯指出相信上帝存在的道德途徑。但西周初期鐘鼎所留

---

❷ 范宣厚，〈殷代之天神崇拜〉，《甲骨學商史論叢初集》第一冊，成都，民國三十三年，頁一一。

❸ I. Kant, *Kritik der praktischen Vernunft*, Stuttgart: Philipp Reclam Jun, 1961, S. 72-73.

下的金文很明顯指出，當時的人相信有道德修養的人才會得「皇天」歡心而承受統治天下的大命❹。這一信念在〈十二周誥〉中尤彰彰在人耳目。可見中國人先祖早已體會到道德與上帝之間的關係。誠然，〈十二周誥〉一再強調天命，自有其增強統治者權威的政治作用。但強調天命之所以發生政治功能，正是因爲當時人們都相信天或上帝會把天命交給有德者，而〈十二周誥〉也頗能說服老百姓，周王朝比紂王更有德。下面我們將會說明，信上帝的道德途徑對中國人來說是最主要的途徑。這一途徑發生危機甚至破產以來，中國知識界對上帝的信仰也就一蹶不振。

另一種相信上帝存在的可能途徑是相信上帝係大自然各種力量的主宰。根據最古老的文獻，這一途徑至少已爲甲骨文提及：諸如「帝令雨足年」、「帝不令雨」、「帝其降禍」等句均證明，殷商時代的人相信上帝是大自然的主宰❺。

第三種可能的途徑是相信上帝是人類與萬物的始源。這在《詩經》中可以見到，例如〈小弁〉：「天之生我，我辰安在?」（一九七篇），〈蕩〉：「天生烝民」（二五五篇），〈烝民〉：「天生烝民，有物有則」（二六〇篇），〈天作〉：「天作高山」（二七〇篇），但這些句子都沒有說明，天是以何種方式生民生物，因此無法與《創世紀》中上帝從無中創造一切的看法視爲完全一致。

---

❹ 王讚源：《周金文釋例》，臺北，文史出版社，民國六十九年，頁一一二—一五。

❺ 陳夢家，《殷虛卜辭綜述》，北京，科學出版社，一九五六年，頁五六四—六。

無論如何，中國古代對上帝的信仰都不能說是「迷信」，而是理性推論的產物。康德稱上述第一途徑爲「實踐理性」的要求並非沒有理由，因爲人既然有理性，能够判斷自己行爲是否合理及是否應該，並有能力決定自己行爲的取捨，當然就應對這樣的行爲負責。除去對別人負責以外，人是否也對更高的「上帝」及「山川鬼神」負責呢❻？這一想法雖無法用感覺官能去實證，卻是一種合理的推論構想，尤其是因爲否則自主的善惡行爲將是荒謬而無法理解：因爲一方面人深切體會到爲善是人的天職，另一方面又知道爲善注定會吃虧。人類社會既無法對善惡行爲採取普遍有效而公道的報應措施，那末相信上帝與鬼神能負起此項功能，自屬合情合理。下面我們將說明這一種想法尚不够週密；卻必須承認它本身的合理性。

第二種途徑如果與第一種連在一起，其本身的合理性也更易理解。大自然的風、雨、雷諸現象當然有其原因。古代的人尚未揭開自然科學的秘密，因此無法從這方面獲得解答。這一來，很容易就相信是善惡行爲招來的果報。人既然有理性及自主能力，相信大自然現象與自己的善惡行爲有關，就不能說是非理性。但捫心自問，大自然的災害並非都能透過人的惡行獲得解釋；這時就會相信，「上帝」及「山川鬼神」有些恣意行事；再進一步就會覺得都不可信。正如第一途徑，第二途徑也是一種不週密的理性推論。

❻《墨子引得》，哈佛燕京社編，東京，一九六一年再印（〈非命〉上第三十五，二〇）。

第三種途徑相信上帝是人類及萬物根源：上帝既是最高主宰，祂也可能是最高原因，因爲人與萬物不可能自生。這簡直像多瑪斯五路中第二路的思考方式。當然，多瑪斯的第二路在第一原因以外同時承認有眞實的第二原因。中國古代的理性推論並未想到這些，以爲上帝直接是下雨、起風、乾旱的原因，或者直接生人生萬物，直接於此世對所有善惡行爲施報，因此不够週密。但這無損於其本身爲理性的產物❼。

2. 多瑪斯的第一與第二原因之分

多瑪斯・亞奎那對第一與第二原因的區分，適足以說明中國古代有神論的不够週密，同時也提出了解答的途徑。依他的說法，世間事物的活動同時由最高的第一原因（上帝）與受造的第二原因一起產生，二者有從屬關係。上帝的無限能力及其永恆規律是一切事物的第一原因，而世間事物的有限能力及自然傾向（事物的自然律）亦有其自律性及眞實的活動能力。依據這一理解方式，在通常情形中，我人追究事物原因時僅及第二原因。例如下雨是雲層水氣加上低溫度而成；生病是一個人抵抗力不够而又受細菌侵襲所致；紂王失國是失去民心、國內離心離德而又遭強敵

❼ S. Thomae Aquinatis, *Summa Theologiae*, (I-II, Q. 19, a. 4, c) Torino: Marietti, 1940.

所致。這樣追究原因完全合乎邏輯。但多瑪斯在第二路中卻指出：「在這些可感覺的事物中有各主動因的從屬關係（In istis sensibilibus esse ordinem causarum efficientium）❽」。布魯格舉出寫字的例子非常適當。直接寫出字的是筆，但它祇是工具原因，是一連串從屬關係中最低的環節；但你仍不能否認筆是寫字的直接而必要的原因。循序向上的一連串主動因是：手、臂、神經與肌肉活動、大腦、導引手臂動作的思想、思想要傳達的內容、意志的推動、對寫字活動的決斷❾。多瑪斯第二路的推論是：人與大自然萬物本身誠然都依本身的天性活動，因此均有自律性，都是眞實的原因。但這一連串從屬的原因最後必然有其第一原因。往往有人誤解多瑪斯的思想，以爲他祇講過去發生的原因，例如我們已故的祖先。其實他是指此時此刻所發生的原因從屬關係。依多瑪斯的推論，此時此刻任何事件的發生，最後必然要溯源到第一原因，它不僅並未取消或削弱第二原因的有效性，反而是所有其他原因之所以能够運作的最後動力及最原初意義所在。

儘管康德認爲因果原理不能應用於眞相世界，而海德格也一再稱此淵自亞里斯多德的推論爲「存有者——神學」（Onto-Theologie））或「存有者——神——理則學」（Onto-Theo

---

❽ 同書 I, Q. 2, a. 3, c.

❾ Walter Brugger, *Summe einer philosophischen Gotteslehre*, München: Johannes Berchmans, 1979, S. 117-8.

Logik)⑩，實則因果原理仍安然無恙。海德格所關心的祇是「人無法向這個上帝（本文作者按：指哲學中的第一原因）祈禱，也無法向祂奉獻犧牲」，他的批判並不涉及五路論證有效與否的問題，而是他想接觸到一個更神性的上帝⑪。

把第一與第二原因的理論貼合到甲骨文、《書經》與《詩經》中對上帝的信念，我們會發覺，把上帝視爲大自然中對人有利或有害事件的直接原因（第二途徑），是忽視了第二原因之間的一連串從屬關係，而直接跳躍到第一原因。第三種途徑把上帝視爲人類與萬物始源，一方面雖亦指出上帝係自然律則的原因（「天生烝民，有物有則」），卻並未進一步思考：人係父母所生是經驗事實，上帝究以何種方式生萬物生人？尤其是人的起源更容易誤解：上帝究竟是以何種方式「生」第一代及後代的人呢？這又牽扯到第一原因與第二原因的關係。這一問題未清以前，那末野心的帝王就會僭稱自己爲「天子」；而不喜歡這一僭稱的人，慢慢的會把「天」的位格性剔除掉。

此外，由於忽視或不夠重視一連串的第二原因和上帝的超越性，許多宗教信徒往往以爲可藉求神問卜獲得自己的需求；而於願望落空時，他們的信心也就消失。應用第一途徑相信上帝除去道德途徑本身不能嚴格地證明神的存在以外，往往還會把道德修養和上帝賜福二事之間視爲有必然的因果關聯，甚至以爲修德是帝王獲得社稷天命的必然而足夠的原因。這也就播下了懷疑主義及

⑩ Martin Heidegger, *Identität and Differenz*, Pfullingen: G. Neske, 1957, S. 49-50.
⑪ 同上，頁六五。

無神論的種子。依據第一與第二原因的理論，最高的第一原因雖是至善的，祂的計畫與心意卻深不可測，福與德的湊合僅於永恆世界中始能實現。康德提及人僅於「向無限進展」中始能完善，因此靈魂需要永恆⑫，似乎也顧慮到這點。但《書經》與《詩經》中的想法卻以爲上帝在現世已以賞罰來「福善禍淫」。〈洪範〉的第九疇是五福六極，亦卽壽、富、康寧、攸好聽、考（老）終命五種福氣，以免兇短折、疾、憂、貧、惡、弱六種兇禍，不考慮到現世以外。多瑪斯心目中的上帝雖是絕對正義，對善惡的報應卻不限於現世。基本上，從第二原因的活動，我人很難確切猜摸到第一原因的心意與行動。

用第一與第二原因的理論來分析中國古代有神論所依據的理性推論，我們會發覺，這些推論的確都不够週密。

3. 對欠週密論證的懷疑導向兩難論證

正因爲中國古代有神論的理性推論欠週密，尤其是過份天眞地相信上天直接在福善禍淫，所以老百姓透過民謠往往對上帝表達出怨憤。像「已焉者，天實爲之」（第四十首〈北門〉），「彼蒼者天，殲我良人」（第一三一首〈黃鳥〉），「驕人好好，勞人草草。蒼天！蒼天！視彼驕人，

⑫ I. Kant, *Kritik der praktischen Vernunft*, S. 194.

矜此勞人！」（第二百首〈巷伯〉）這些詩句都含怨意。下面幾句甚至表達出對上帝的懷疑：「民今方殆，視天夢夢，……有皇上帝，伊誰云憎！」（第一九二首〈正月〉）「浩浩昊天，不駿其德」（一九四首〈雨無正〉），「我獨于罹，何辜於天？」（一九七首〈小弁〉）。

這些怨氣加上懷疑，終於使「福善禍淫」的上帝變成很不可信。於是道家思想順勢而入，用常道取代了上帝。對此，《漢書・藝文志》對道家起源的解釋最為切當：「道家者流，蓋出於史官，歷記成敗存亡禍福古今之道。」既然「驕人好好」，甚至篡位背信兇殘者都可以當王侯，那末顯然「福善禍淫」的上帝不可信，祇有「成敗存亡禍福古今之道」才值得取信。這一思潮大約起於孔子尚在人間的春秋時期，而大盛於戰國時代，風靡了整個知識界。

在這一常道思潮來勢洶洶的時期，儒家的知識份子也無法對抗。墨子罵他們：「儒以天為不明，以鬼神為不神」（〈公孟〉第四十八，50），絕非無風起浪。荀子生當戰國末期（公元前三一四—二三八），當時道家的宇宙觀與形上學在中國知識界已成定局。墨子雖曾努力挽狂瀾於既倒，但也始終停留於道德途徑，以為「上帝山川鬼神必有幹主」，而「義人在上，天下必治」（〈非命〉上第三十五，26—27）。這條途徑當時既已遭歷史事實否定，墨子又找不到另一條令人信服的路，所以他想重振「尊天事鬼」的努力遂在知識界徹底破產，破產到荀子在反對「頌天」時根本不必提及墨子。（〈天論〉第十七，44）⑬

⑬《荀子引得》，哈佛燕京社編，臺北，成文出版社影印，一九六六。一如《墨子引得》，本書正文括號中篇名後所標出的號碼指該篇第幾行。

荀子在〈宥坐篇〉（第二十八，33－40）充分顯示出不能接受信上帝的道德途徑。這篇中的子路質問孔子：「爲善者天報之以福，爲不善者天報之以禍。今夫子累德積義懷美行之日久矣。奚居之隱也？」於是荀子借孔子的口大發牢騷，表示知者忠者未必見用，倒是遭殺身之禍者比比皆是，比干剖心與伍子胥被殺卽是例子；結論是：「爲不爲者人也，遇不遇者時也。」爲了不要被人誤解他還相信上帝降命，荀子索性就用「遇不遇者時也」。他的心意表達得非常明確。

荀子不僅拒絕了信上帝的道德途徑，同時也不再相信上帝爲大自然的主宰，而把大自然的運作歸之於天之常道、地之常數與君子的常體，並稱自然的常道常數爲「天命」：「大天而思之，孰與物畜而制之。從天而頌之，孰與制天命而用之。……故錯人而思天，則失萬物之情。」（〈天論〉第十七，23－24，44－46）上面這些句子中，荀子視天爲人所應制勝之物，並把「大天」、「頌天」與「物畜而制之」及「制天命」視爲勢不兩立：既然「君子的常體」在於利用天之常道與地之常數來制勝大自然供人驅策，那末他就不應再「大天」與「頌天」。至於儒家一直在舉行的宗教儀式，荀子則完全視爲虛文或人道：「故君子以爲文，而百姓以爲神」；「其在君子以爲人道也，其在百姓以爲鬼事也。」（〈天論〉第十七，44－46；〈禮論〉第十九，122。）

荀子把有神論宗教放在一邊，目之爲老百姓的迷信，而把天之常道、地之常數及君子的常體放在另一邊，隱約地作了如下的兩難論證：或者探究天之常道與地之常數（大自然的規律）而設法利用它們，這是有知識的君子之常體；或者相信大自然爲上帝與鬼神所控制，這是老百姓於

「感忽之間疑玄之時」「〈解蔽〉第二十一，76）的幻想。一個人或者站在愚昧的老百姓一邊；或者站在有知識的君子一邊，沒有中間路線的可能。從此以後，中國知識份子雖未必與宗教生活絕緣，卻和老百姓的有神論宗教生活脫了節。我人無法否認，開始時完全在有神論信仰籠罩下的儒家，以後也始終保持了某些宗教信仰的成份。例如陳榮捷先生曾指出，朱熹一生度著虔誠的宗教生活⑭。然而朱熹卻並不信天上有個位格性的主宰。

(二)兩難論證的化解與心靈的提昇

本文一開始就揭示出，使中國知識界視有神論為畏途的兩難論證由來已久，而目下仍然如此。一般的中國知識份子一聽到神、上帝、靈魂等詞就感到不自在，似乎非語帶譏刺即不足顯示出自己是高於愚夫愚婦的知識份子。毛澤東動不動就說某某人活得不耐煩，想要見上帝；報紙的副刊文章也動不動對宗教採用輕浮的字句，潛伏的兩難論證往往是罪魁。

其實，多瑪斯神學大綱中討論上帝存在時一開始就提出的第二個設難，就是上文所云之兩難

⑭ Chan, Wing-tsit, *Chu Hsi's Religious Life*，紀念利瑪竇來華四百週年中西文化交流國際學術會議，臺北，一九八三，頁五一—七四。

論證的前面部份：「可以用更少始元來完成的東西，不必用更多始元。世間所顯示的一切，似乎都能假設上帝不存在而藉其他始元完成。因爲一切自然之物均可歸於自然這一始元；而那些出自心意的事物，均可歸於人的理性或意志這一始元。因此沒有承認上帝存在的理由。」⑮

上述這一設難直接由原文翻譯而成。其中唯一費解的可能是「始元」一詞，但這卻是最適當的譯名，其複數的 Principia 及單數的 Principium 可能指原因、原素或原理。而這三種意義正含蓋了我國知識份子對大自然及人事的看法：大自然由大自然能量、原素及定律而形成，人事則由人的思想、感情、動機各種因素及其定律而發生；前者是自然科學的研究對象，後者則是社會科學的研究範圍。這被認爲對人有自信、有人文精神的現代「君子」的唯一合理態度；這以外尙訴諸超越自然的神或上帝，都是缺乏自信的非理性表現。上面這兩句正好代表兩難論證的前後兩個部份：或者用自然科學及社會科學來解決大自然與人世各種問題，或者訴諸神或上帝。

多瑪斯神學大綱第一部份第二題第三節所證明的，卻正是上述兩難論證的不能成立。因爲兩難論證中的前後二部份必須說出一個事態的整體，而不允許第三種可能性。像「或是下雨或是出太陽」，這樣的兩難論證就無法成立，因爲還有既不下雨又不出太陽或者既下雨又出太陽的兩種其他可能性。多瑪斯於正文中以五路論證從世間事物的變動、因果關係、非必然性、存有等級及

⑮ S. Thomae Aquinatis, *Summa Theologiae*, I. Q. 2, a. 3.

目的性證明本身必然存在的純粹實現及具智慧的最高目的。這以外尙於第二設難的答覆中指出，大自然秩序井然而本身不識不知，所以必須歸因於本身具智慧的第一原因；而人的思想、意願均係能變化、不完善而非必然的第二原因，非追溯到完善而必然的第一原因不爲功。這也就說明了導源於荀子的兩難論證的第一部份站不住腳，因爲無論是自然科學所研究的大自然，或者是社會科學所研究的個人與社會，都不過是第二原因，必須追溯到第一原因才完成了理性的使命。這一來，上述的兩難論證立刻迎刃而解：原來用自然科學、社會科學及人文科學來解決大自然與人世各種問題，與最後訴諸上帝不但可以並存，而且人探究問題的理性能力本來就由上帝所賜，而自然、社會、人文科學的定律也來自創造世界的上帝。

可能有人會因本文對多瑪斯的推崇而引起反感，似乎祇有他壟斷了智慧。實則比多瑪斯早一千餘年的〈洪範〉早已揭示了同一智慧：〈洪範〉雖是一個政治性的文件，卻蘊含了極深的哲理，既揭示了大自然與人事的九種大規範（第二原因），同時也追溯到九種規範的賜與者——上帝。本書第七章證明，孔子的九思是由〈洪範〉的五事脫胎而成，可見他已受〈洪範〉影響。孔子也相信大自然有其獨立規範，用不到上帝處處干預，因此他對大自然現象有如下見解：「天何言哉？四時行焉，百物生焉。天何言哉？」（〈陽貨〉第十七：16）孔子尤顯然把他的人文使命歸功於有知有意的天：「文王既沒，文王不在茲乎？天之將喪斯文也，後死者不得與於斯文也。天之未喪斯文也，匡人其如予何？」（〈子罕〉第九：5）無論如何，孔子絕沒想到過無神論的兩難論證；大自然的化功與人事的努力對他而言絕非與上帝不可並存。

被我國知識界推崇爲近代科學方法鼻祖的培根，也是一方面努力追究大自然的律則，同時也會熱切向天父祈禱：「如果我們以額上的汗珠在你的作品中辛苦耕耘，你將會使我們分享你的見地和你的安息日。」⑯

〈洪範〉與孔子的完整人文主義（讓我借用馬里旦這熟知的名詞）不幸被荀子及極大多數後代中國知識份子所割裂。但這絕對不構成充份理由，而足以使人肯定有神論宗教與中國文化互相枘鑿。反過來當然也必須承認，中國文化與有神論也沒有不可分的必然關係。

這也正是我國今天教育所切宜注意的中立態度：凡是中小學課本中把宗教與無知、缺乏自信相提並論的句子，都是無形中替無神論做宣傳，嚴格說來，違反了憲法第七條的精神：「中華民國人民，無分男女、宗教、種族、階級、黨派，在法律上一律平等。」因爲受教育是人民的權利和義務，每一位國民依法律必須進國民小學與國民中學。如果課本有意無意灌輸上文所云兩難論證的意識形態，等於是讓反宗教或無神論思想佔上風。就我所知，過去的中小學課本不乏這一類句子。今日的情形如何，我個人不得而知。果眞有這類情形，就應請教育部改正。

學校教育以外，必須透過文藝及大眾傳播工具，讓我國民眾逐漸脫離宗教的狹隘概念，以爲

⑯ Francis Bacon, *The Great Instauration*. E. A. Burtt(ed). *The English Philosophers*, New York: The Modern Library. 1939, p. 23.

它不過是求神問卜或僅係失意者的心靈寄託。這樣的宗教一方面無法使人心靈向上提昇，對社會的功能亦僅停留在消極面。

十、從董仲舒、淮南子至王充的「天」與「命」

一導引

以三千餘年中國思想史而言，先秦的春秋戰國時代誠係最富原創性的時代。梁啟超先生說得好，和這個時代相比，兩漢四百年的著述有一論之價值者唯董仲舒、淮南子、司馬遷、劉向、揚雄、王充、王符、仲長統等寥寥數人而已❶。其中司馬遷是歷史學家，劉向是文學史家，並非創造性的思想家。儘管如此，漢代思想對後代所發生的影響卻不可忽視。試以《春秋繁露》與《白虎通》而言，它們就影響了後代二千年的專制政治。王充對命運的看法尤其深入人心，牢不可

❶ 梁啟超，〈中國學術思想變遷之大勢〉，《飲冰室文集》，臺北市：幼獅書局，民國五十二年，頁一四八。

破。

本文將探索「天」與「命」二概念，由董仲舒、淮南子至王充的演變。表面上看來，董仲舒的天命似乎最與王充的命祿不相容。本文將指出，董氏對天的看法早已埋下了王充命祿觀的種籽。淮南子對天與命的看法則不僅與王充相近，而且替後者提供了理論基礎。

爲了一目了然，且先一述三位思想家的簡歷。

董仲舒（前一八三？—一一五？）廣川人（今河北棗強縣）。漢景帝時已成爲治春秋的博士；漢武帝即位，舉賢良文學之士前後百數，董仲舒即其中之一。對策三次，其最重要的建議是「興太學，置明師，以養天下之士」，而「諸不在六藝（本文作者按：指禮、樂、書、詩、易、春秋）之科，孔子之術者，皆絕其道，勿使並進」❷。武帝接受了他的建議，並任命他爲武帝之兄易王爲江都相。易王雖驕而好勇，卻很尊敬以禮匡正他的董仲舒。除三篇對策以外，董氏的最重要著作厥爲《春秋繁露》。

《淮南子》的作者劉安之父劉長係劉邦庶子，與漢文帝爲兄弟，封爲淮南王；因抗皇帝命而被削職，絕食而死。其三子初封爲侯，以後改封爲王，劉安（前一七九—一二四）繼其父爲淮南王，漢景帝時尚未發生重大事故。漢武帝愛好藝文，起初對興趣相同而又高一輩的劉安非常敬

❷ 班固，《漢書》卷五十六，〈董仲舒傳〉第二十六。臺北市：洪氏出版社印行，頁二五一二。

重，但終因謀反罪而殺了他。《漢書・淮南衡山濟北王傳》稱劉安爲人好書鼓琴，招致賓客方術之士數千人。《淮南子》一書大約係劉安與賓客的集體著作❸。

王充則已是東漢時期的人（二七—九七？），生於會稽郡上虞縣。曾至京師太學受業，頗受贊賞。但宦途多舛，僅任功曹及「治中」而已。六十歲時，始有同羣謝夷吾上書力薦，蒙漢章帝徵召，惜因病未成行。約於七十歲逝世❹。撰《論衡》一書應於漢章帝章和年號（八七—八八）以後，因爲《講瑞篇》結尾時有「永平以來訖於章和，甘露常降」等語。除《論衡》以外，另有《養性之書》十六篇❺，似乎並未傳諸後世。

漢朝初年流行黃老思想，但治六經及儒學者亦頗不乏人，董仲舒即其中之佼佼者。《淮南子》思想則比較靠近道家。王充雖自稱「幼讀《論語》、《尚書》日諷千字」❻，《論衡》中的思想顯然與儒家採取距離，而比較接近道家。

❸ 同書，卷四十四，〈淮南衡山濟北王傳〉第十四，頁二一三五—五二。
❹ 《後漢書》，卷七十九，〈王充王符仲長統列傳〉第三十九，〈王充傳〉。武英殿版《二五史》。臺北市：德志出版社影印，民國五十一年，頁六五六—七。
❺ 王充，《論衡》，臺北市：臺灣中華書局，民國七十年，卷三十，頁一〇。
❻ 同書，卷三十，頁一下。

㈡《春秋繁露》的「天」與「命」

為了方便，本文第二節將以「董書」二字代替《春秋繁露》。此書言「天」與「命」之處幾乎俯拾皆是。本文將集中焦點於最後七篇（〈祭義〉第七十六至〈天道施〉第八十二）及中間十六篇（〈五行對〉第三十八至〈人副天數〉第五十五，其中三篇缺如），因為這二十三篇幾乎可以說是「天」與「命」的專題討論。

1. 董書中的自然之天

首先可以確定的是：董書中的「天」並不超越自然界。無論董氏如何對祭事「致其中心之誠」（76：310）❼，他所云的「天」就是表顯於春夏秋冬四季的大自然：「春者天之和也，夏者天之德也，秋者天之平也，冬者天之威也。」（29：326）「陰陽之氣在上天亦在人。在人者為好

---

❼ 董仲舒，《春秋繁露》，臺北市：河洛圖書出版社，民國六十三年。以後引用此書時，僅在本文中加括弧，寫出本書篇數，冒號下面是總頁碼。可參考韋政通，《董仲舒》，臺北市：東大圖書公司，民國七十五年。

惡喜怒，在天者爲暖淸寒暑。」（80：327）「天有五行，木火土金水是也……水爲冬，金爲秋，土爲季夏，火爲夏，木爲春。」（38：220）「天之行也，陰與陽相反之物也。」（51：243）以上所引用以及不可勝數的其他句子都證明，董氏心目中的「天」就是可見的大自然，絕不在大自然之外。大自然運行的常規就是天之道、天之經、天之義（38：220），表現於四季、陰陽、五行。

方才說「天」指大自然，卻應作一個小小的區別。董書一再說「天之大數畢於十旬」或「天地陰陽木火土金水九，與人而十者，天之數畢也。」（43：227，81：328）「天之大數畢於十旬」是以「天」表達大自然的整體；「天地陰陽木火土金水人」則是把「天」和其他九數分開講。天與地顯然就是最大的陽與陰，但陽與陰的關係卻並不限於天與地；天有春、夏、季夏、秋、冬五行，但五行又不限於天的季節。無論如何，董氏心目中的人一方面「超然萬物之上而最爲天下貴也」（81：329），另一方面又完全是大自然的一部份，因此必須「循天之道以養其身」。董氏深信天地陰陽相交創生萬物：「天者萬物之祖，萬物非天不生。獨陰不生，獨陽不生，陰陽與天地參然後生」（70－289）；而生萬物方式則相當於男女關係：「天地之陰陽，當男女人之男女當陰陽」；「天地之氣不致盛滿不交陰陽」，所以董書勸君子「甚愛氣而遊於房，」不可過度（77：312－317）。透過跟地的陰陽相交，天既係萬物及人之本，所以天堪稱爲「人之曾祖父」（41：223）。

上述所云足以證明，董書中的「天」無論是指自然界整體，或者指與地相對的天，都是內在於宇宙之中，而非超越於宇宙之上。就哲學史來說，這一觀點應該導源於荀子或荀學派。對此，本文同意梁啟超所下的結論：「故自漢以後，名雖爲昌明孔學，實則所傳者，僅荀學一支派而已」❽。儘管李鳳鼎提出異議❾，梁啟超所根據的汪中〈荀卿子通論〉，本文作者曾細心推敲，覺得荀子傳經說除《易經》的證據不足以外，《詩》、《春秋》與《禮記》三經，史籍方面的證據均有若干份量❿。董書之強調老百姓由「天生之，地載之，聖人教之」（41：224），非常符合荀子所云「天地生君子，君子理天地」（〈王制〉第九65）⓫的想法，而天地陰陽創生萬物之說大約也來自荀子（〈天論篇〉第十七：8—10；〈禮論〉第十九：77）。這一想法的創始者則是道家思想（《道德經》二十五章；《莊子．大宗師》第六：30；〈達生〉第十九：6）。此外，董書之一再言「天地之常」及「天之數」、「天之道」，大約也和荀子的「天有常道矣，地有常數矣」（〈天論篇〉第十七：23）有關。

❽ 梁啟超，〈中國學術思想變遷之大勢〉，《飲冰室文集》(七)，頁一四五。
❾ 李鳳鼎，〈荀子傳經辨〉。羅根澤編著，《古史辨》(四)，臺北市：明倫出版社，民國五十九年，頁一三六—一四〇。
❿ 項退結，《中國人的路》，臺北市：東大圖書公司，民國七十七年，頁五—一七。
⓫ 哈佛燕京學社，《荀子引得》，臺北市：成文出版社影印，民國五十五年。正文中加括弧，寫出篇名及引得中的行碼。

2. 董氏的自然之天即出令之天

董氏卻並未一味採納荀子的見解，尤其不肯接受「天能生物，不能辨物」（《荀子·禮論篇》第十九：78）的說法。對董氏而言，天雖與地相對而係宇宙的一部份，卻依舊是《詩經》《書經》所云的「上帝」；董書亦稱之爲「皇皇上天」（69：288—289）。剛引用的〈郊祀〉第六十九篇中「上帝」和「天」顯然意義一致：恰才用「上帝」一詞以後，接下去就說：「天若不予是家，是家者安得立爲天子？……天已予之，天已使之，其間不可以接天何哉？」依據這一思考路線，董氏肯定天子非舉行郊祭不可，郊祭事天以後才可以祭山川及百神乃至祖宗（69：288—289，68：286）。董書中的「百神」與「祖宗」似乎係獨立的個體，但作爲「百神之君」的「天」（66：284）卻並非脫離大自然而獨立的個體。

董書之把自然界的天與上帝融合爲一，這件事實最明顯的證據是它所引述的〈郊祭祝詞〉：「皇皇上天，照臨下土，集地之靈，降甘風雨，庶物羣生，各得其所，靡今靡古，維予一人某，敬拜皇天之祐。」引述祝詞以前，董氏說宣王自以爲「不中乎上帝」，不敢謹事天，顯然把「上帝」和「天」混爲一談。引述祝詞以後，格外強調「右郊祀九句。九句者陽數也。」意思是說：天既屬於陽數，祭天時必須用九句。可見郊祭確是祭大自然之天，而天本身就是皇天、上帝

（69：288—289）。董仲舒會完全同意斯比諾撒所云「上帝即大自然」（Deus sive Natura）之說。

正因如此，「天」、「上帝」或「皇皇上天」能夠頒布命令，上文所云立某家爲天子就是最重要的例子。不僅如此，董書認爲天是仁的，而且給所有的人頒賜仁性及仁的任務：「仁之美者在於天，天仁也。天覆育萬物，既化而生之，有養而成之；事功無已，終而復始，凡舉歸之奉人。察於天之意，無窮極之仁也。人之受命於天也，取仁於天而仁也。」（44：231）這段文字不僅肯定天是仁的，而且在生人養人時賦以仁的天性及實現仁性的命令。

除《春秋繁露》一書以外，董仲舒針對漢武帝要求的第一次對策中就有「命者天之令也」一語，第二次又說：「天令之謂命」⓬。可見，對「天」與「命」的這一想法是他的一貫信念。

3. 董氏以前似無此項融合

德國漢學家佛爾開認爲中國古人心目中的天同時具物質與精神雙重特質：一方面是所見的天空，一方面也具有位格性。他的理由是：中國古人在慘痛情況中往往向蒼蒼者天呼求（例如《詩

⓬ 《漢書》卷五十六，〈董仲舒傳〉第二十六，頁二五〇一，二五一五。

經》第二○○篇〈巷伯〉：「驕人好好，勞人草草。蒼天蒼天！視彼驕人，矜此勞人！」⑬但這卻是片面之詞。無論是《書經》的〈盤庚〉（「茲殷多先哲王在天」）和《詩經》中的〈文王〉（第二三五篇）：「文王在上，於昭于天。……文王陟降，在帝左右」）及〈大明〉（「維此文王，小心翼翼，昭事上帝。……有命自天，命此文王。」）等篇都充分顯示出，商朝與周朝初期所信的上帝是超越於天以上的，並非可見的天。孔孟二子雖很少用「上帝」一詞而以「天」字代替，卻從未把自然界的天等同於出令的天帝。真正有案可查而把自然界的天與出令之天混為一談的是董仲舒。也許《易傳》在董仲舒以先有了這一見解；但《易傳》的各部份很可能由不同時代的不同作者所撰，因此不像《春秋繁露》那樣明顯。

《詩經》二六○篇〈烝民〉早已有「天生烝民」之說。但天以何方式生烝民呢？是的，我們沒有足够理由相信，中國古人對「天生烝民」的信念和《聖經・創世紀》所云上帝從無中創造天地的想法完全一致；但也沒有理由相信，中國古人以為天生烝民的方式完全和男女生子一樣。一如上文所言，董書中卻顯然有了這樣的擬人構想。對董仲舒個人及當時許多中國人來說，這一構想一方面讓人接受道家對大自然常道常數的思想，一方面又不必放棄周初與孔孟所信位格性的天，表面上似乎是一個創造性的融合。但藉常道與常數運作的自然之天，如何又可能同時是會思

⑬ Alfred Forke, *Die Gedankenwelt des chinesischen Kulturkreises*, München: Verlag von R. Oldenbourg, 1927. S. 40-42.

想會發布命令的上帝呢？正因爲自然之天與發布命令之天的組合非常勉強而不穩定，所以早已埋下了王充命祿觀的種籽。下面將會討論到的王充，就覺得董仲舒的組合方式太不可信：對他來說，天既是依常道運作的物質之天，就不可能有思想有意願，也不可能發布命令，因之世間祇可能有偶然的命運。不僅是王充，宋代的理學家也不再相信能出令的主宰之天。

㈢淮南子的「天」與「命」

導引中的簡歷表示出，淮南王劉安和董仲舒生活在同一時代。但他們的生活環境卻非常不同：董仲舒自幼卽習儒術，尤喜《春秋．公羊傳》；劉安則尙停留於漢初對道家思想的熱衷。但正如司馬談〈論六家之要旨〉所表示的態度，當時的道家雖自以爲能安定人的神與形，而且又「無成勢，無常形，故能究萬物之情，不爲物先，不爲物後，故能爲萬物主」，卻也肯吸收陰陽、儒、墨、名、法五家的優點⑭。其實，荀子在批評其他各家之餘，也早已融合吸收了陰陽、名、法、道各家精華。漢代由荀學派所傳的儒家思想，無形中也都混合著其他各家思想，尤其是陰陽家與道家。《淮南子》（下文將簡稱爲「淮書」）也逃不過這一趨勢：基本上此書雖採道家

⑭ 司馬遷，《史記》卷一百三十，〈太史公自序〉第七十，臺北市：洪氏出版社，民國六十三年，頁三三一八八—九二。

立場，並公然挖苦儒家（例如卷七〈精神訓〉：110）⓯，但也贊成儒家的六藝（卷二十〈泰族訓〉：353）。除去當時各家都互相吸收的風氣以外，劉安的賓客本來就不屬於一家；淮書內容之駁雜，因此更不足怪。

1. 以自然為主的天

淮書基本上既採道家立場，其所云的天除少數幾篇有「上告於天，下布之民」（卷九〈主術訓〉：148）等句子以外，都是指自然之天。這裏所謂「自然之天」，大致可分爲二種意義：其一是指自然之道，其二是指四時星辰日月雨晴的物質之天。試舉若干例如下。

「天」字指自然之道，淮書中屈指難數，下面是幾個明顯的例子：〈原道訓〉開宗明義就說「夫道者，覆天載地」，「脩道理之數，因天地之自然」（卷一：1—5）。「天地之自然」亦卽「大地之道」（卷七：100）或「天之道」（卷十〈繆稱訓〉：153）。因此，對全書大體作出總結的〈要略〉，認爲〈原道訓〉旨在使人「尊天而保眞」（卷二十一：369）。事實上，〈原道

⓯ 劉安，《淮南子》，臺北市：世界書局，民國四十七年。正文中引用時，在括號中寫出卷數、篇名及全書總頁碼，或僅寫卷數及總頁碼。可參考李增，《淮南子思想之研究論文集》，臺北市：華世出版社，民國七十四年。

訓〉的確說明了淮書中「天」字的根本義：「所謂天者，純粹樸素，質直皓白，未始有與雜糅者也」，這也就是「天地之性也，……自然之勢也」。其反面是對大自然施以「曲巧僞詐」的人工。下面的例子最足以說明天與人的對立：「故牛岐蹏而戴角，馬被髦而全足者，天也；絡馬之口，穿牛之鼻者，人也。」（卷一：5—7）聖人「順於天」，「眞人者，性合于道」（卷七：103），以及「聖人無思慮，無設儲，來者弗迎，去者弗將（按：將送也）；……遵天之道，不爲始，不專己；循天之道，不豫謀，不棄時；與天爲期，不求得，不辭福；從天之則，不求所無，不失所得。」（卷十四〈詮言訓〉：239）等句子都是說應順自然之道。

淮書中的「天」字卻也指物質之天：「夫圓者天也」（卷十五〈兵略訓〉：253），「星列於天而明」（卷十四：235），「天設日月，列星辰」（卷二十：347），「天有四時」（卷十：165）等等。淮書也和《春秋繁露》一般，以爲天的四時與人的「四用」相當：四用指眼耳口心的功能：「目見其形，耳聽其聲，口言其誠，而心致之精。」（卷十：165）此外，淮書也說人體與天地相似：「故頭之圓也象天，足之方也象地。天有四時五行九解三百六十六日，人亦有四支五藏九竅三百六十六節。天有風雨寒暑，人亦有取與喜怒。」（卷七：100）

淮書卻並不排斥宗教意義的天。例如卷六〈覽冥訓〉也說有「上天之誅」（89）。卷五〈時則訓〉也說「上帝以爲物宗」及「上帝以爲物平」（86）。卷八〈本經訓〉認爲「靜潔足以享上帝，禮鬼神，以示民知儉節」（123）。可能因爲淮書的目標是談治國之道，所以強調自然之道。

但同樣以政治為目標的《春秋繁露》，其風格卻全不相同。

2. 以順自然為主的命

淮書對天的理解既以自然之道為主，涉及「天命」與「時命」的句子，也都跟董氏「天之命」的意義大相逕庭。

「命」字在淮書中約可分為三義：其一指王命，例如「三軍矯命」（卷十三〈氾論訓〉：222），「舜禹不再受命（卷十〈繆稱訓〉：160），「古聖王至精形於內，而好憎忘於外。……禽獸昆蟲，與之陶化，又況於執法施令乎？……人主之於用法，無私好憎，故可以為命」（卷九：130－131）。其二指生命，例如聖人「不憂命之短」（卷十九〈脩務訓〉：332），「歲民之命；歲饑，民必死矣」（卷十二〈道應訓〉：199），「強不掩弱，眾不暴寡，人民保命而不夭」（卷六〈覽冥訓：94），「恬愉虛靜，以終其命」（卷七：103）。其三指命運，這也正是淮書中「命」字應用最廣的意義。例如「性者所受於天也，命者所遭於時也。有其材不遇其世，天也。太公何力？比干何罪？循性而行止，或害或利，求之有道，得之在命。」（卷十：162）又如「知命之情者，不憂命之所無奈何」（卷二十：360；卷十四〈詮言訓〉：236）。

淮書中的「天命」之意亦頗接近「命」之第三義。〈詮言訓〉既認為「通命之情者，不憂命之所無奈何」，因此敦勸讀者「原天命，治心術」，因爲「原天命，則不惑禍福；治心術，則不妄喜怒。」（卷十四：236）同篇又勸人「心常無欲，可謂恬矣；形常無事，可謂佚矣。遊心於恬，舍形於佚，以俟天命，自樂於內，無急於外。」（卷十四：247）縱觀〈詮言訓〉的天命觀，其思想基礎端在於此篇開始時「物以羣分，性命不同」（卷十四：235）一語，而性與命的區分，正是上文所已引用的〈繆務訓〉的主張。一如上文討論淮書中自然之道時所云，此書的「天」既指不糅雜人工的天地之性，「命」或「天命」大不了也祇能指「莫之命而常自然」（《道德經》五一章）的「自然之命」（《莊子．天運》第十四），亦即偶然的命運。〈詮言訓〉的性命之分以後爲王充全部吸收。

㈣王充心目中的「天」與「命」

1. 全屬偶然的命

完全起自偶然的命運思想一直到現在仍是極大多數中國人的信念，儘管它已經和佛教信仰中的業和輪廻連在一起⑯。《論衡・自紀篇》中，王充自述幼年曾下工夫讀《論語》與《尚書》等書。然而，王充對「天」與「命」的看法與《論語》、《尚書》相去竟若天壤之別。這其中的原因，王充在同一〈自紀篇〉中提供了許多寶貴的訊息。他自稱「才高而不尙苟作，口辯而不好談對，非其人終日不言」，「常言人長，希言人短」，可見是相當孤高自賞而又仁厚的個性。儘管他才氣過人，一生卻祇做過別人的幕僚。而才能德性均不如他的許多別人卻能飛黃騰達。這些生活經驗遂使他深信，我人所生活的世界是荒謬不可究詰的。《論語》與《尚書》所云的天令、天命既與他的生活經驗不合，所以他祇能相信偶然遇到的「命祿」：「達者未必知，窮者未必愚。遇者則得，不遇失亡。故夫命厚祿善，庸人尊顯，命薄祿惡，奇俊落魄。」（卷三十：1下，8下）

上文已提及《淮南子》書中已作了性與命的區分。命是人所無可奈何者，性則稟自天而人藉之能爲善者。但無論如何爲善，卻不能「必其得福」或「以免其禍」（《淮南子》卷十：162）。

除去淮南子的影響以外，王充的命祿思想大約也受之於荀子。後者不僅在〈天論篇〉（第十七：7）肯定「天有其時」，而且在〈正名篇〉（第二十二：6）替「命」下了定義：「節遇謂之命」，意謂恰好遭遇到的事稱爲命；〈宥坐篇〉（第二十八：39—40）更強調「遇不遇者時

---

⑯ 王充，《論衡》。正文中引用時，僅於括號中寫出卷數及該卷頁碼，並寫明該頁之上下；有時亦寫出篇名。

也。……今有其人，不遇其時，雖賢，其能行乎？苟遇其時，何難之有？」不消說，王充完全同意荀子與淮南子的這一說法，而且使之變本加厲。至於孔子的「死生有命，富貴在天」一語，雖一再爲王充引用（卷一：9上），其意義是否與《論衡》相同，則是必須澄淸的一個問題。《論衡》幾乎可以說是討論「命」、「遇」、「時」的專著，尤其是最初三卷中的〈逢遇〉、〈命祿〉、〈幸偶〉、〈命義〉、〈無形〉、〈偶會〉等篇。

稱《論衡》爲討論「命」「遇」「時」的專著，也許有些過甚其辭。但命的問題是王充思想的重心，這句話卻完全正確。《論衡》殿後的〈自紀篇〉斤斤然以此爲言，而第一卷第一篇即以〈逢遇〉爲題，第三篇〈命祿〉的主題也一目了然。這二篇都開門見山：〈逢遇〉篇一開始就說：「操行有常賢，仕宦無常遇。賢不賢才也，遇不遇時也。」〈命祿篇〉也以下面幾句開始：「凡人遇偶及遭累害皆由命也；有死生壽夭之命，亦有貴賤貧富之命。」第一卷的其餘二篇是〈累害〉與〈氣壽〉，不過更詳細發揮〈命祿篇〉第一第二句的內容而已。因此，全書第一卷的四篇都徹頭徹尾主張，人的死生壽夭貴賤貧富及遭累害，均由命使然。

《論衡》對命、遇、時的討論可謂俯拾卽是。其要點如下：第一，對「遇」、「命」、「時」的定義；第二，對三命的見地；第三，對人命稟於天的看法。

第一，王充對「命」的定義是：「命吉凶之主也，自然之道，適偶之數」（卷三〈偶會篇〉第十：1上）。他對「遇」的定義是對「適偶」二字的發揮：「不求自主，不作自成，是名爲遇，猶拾遺於塗，摭棄於野。」爲了加強說服力，王充在這些話以前講了一則故事：「昔周人有仕數不遇，年老白首泣涕於塗者。人或問之何爲泣乎。對曰：吾仕數不遇，自傷年老失時，是以泣也。人曰：仕奈何不一遇也。對曰：吾年少之時學爲文。文德成就，始欲宦，人君好用老。用老主亡，後主又用武。吾更爲武，武主又亡。少主始立，好用少年，吾年又老。是以未嘗一遇。」（卷一〈逢遇篇〉第一：4上）關於「時」，王充僅輕描淡寫地說：「命則不可勉，時則不可力，知者歸之於天」（卷一〈命祿篇〉第三：7下）。

第二，東漢時盛行三命之說，即「正命」、「隨命」、「遭命」：「正命」指本於所稟之氣而得吉；「隨命」是視人行爲善惡而得吉凶，《書經》的基本思想之一即係如此；「遭命」則是無端遭到凶禍（卷二〈命義篇〉：5上）。約於同一時期問世的《白虎通》則稱爲「壽命、隨命、遭命」，意義與上述三命略同⓱。稍後的趙歧（一〇八—二〇一）則以「受命」（行善得善）、「隨命」（行惡得惡）、「遭命」（行善得惡）爲三命⓲。王充激烈反對隨命說（當然包括後起的「受命」之說（卷二〈命義篇〉第六：5—6），而主張只有偶然的「正命」與「遭命」。他所云「壽命」與「祿命」都可歸結於「正命」，而所謂「所觸值之命」亦即「遭命」（卷一〈命祿篇〉第三：10；〈氣壽篇〉第四：10下）。

⓱ 班固等撰，《白虎通》，北京：直隸書局影印，民國十二年，卷三下，頁一二。

⓲ 《十三經疏》：〈孟子注疏〉，臺北市：藝文印書館影印，民國七十年，總頁二二五三。

第三，人的命究竟何從而來？王充的答覆如下：「凡人受命，在父母施氣之時已得吉凶矣」。人受孕這一剎那何以會如此重要呢？這裏，王充以天象來詮釋「死生有命，富貴在天」一語：「命則性也。至於富貴所稟，猶性所稟之氣，得眾星之精。眾星在天，天有其象；得富貴象則富貴，得貧賤象則貧賤。故曰在天。在天如何？天有百官，有眾星。天施氣，而眾星布精。天所施氣，眾星之氣在其中矣。人稟氣而生，含氣而長；得貴則貴，得賤則賤。貴或秩有高下，富或貲有多少，皆星位尊卑小大之所授也。」（卷二〈命義篇〉第六：4—5）不僅個人的命繫於星象，「國命」亦繫於眾星：「列宿吉凶，國有禍福」。因此王充評論項羽與劉邦的勝敗說：「項羽且死，顧謂其徒曰：吾敗乃命，非用兵之過。此言實也。實者項羽用兵過於高祖，高祖之起有天命焉。」（卷二：4）

至於人所稟於天的吉凶之命，則可見於人的骨相（卷三〈骨相篇〉第十一：4下）：「人曰命難知。命甚易知。知之何用？用之骨體。人命稟於天，則有表候於體。察表候以知命，猶察斗斛以知容矣。表候者骨法之謂也。」至於國家的盛衰，王充則認爲可見於瑞應（卷十九〈驗符篇〉第五十九：12下）。

最令人驚奇不置的是：《論衡》用了這麼多次的「命」字，居然找不到一次是指命令；最大多數指盲目而偶然的命，也有幾次指人的壽命。這裏我必須承認，上述判斷是基於《論衡通檢》⑲。

⑲《論衡通檢》，臺北市：南嶽出版社影印。此書究竟由何機構編製，惜無從稽考。

當然，我不可能對全書去作一次查核工作。

2. 無知、無心、無意義的自然之天

天與地「不能辨物」又「不知善」之說，荀子早已言之（〈禮論篇〉第十九：78；〈堯問篇〉第三十二：35）。但〈大略篇〉（第二十七：75）與〈賦篇〉（第二十六：5）卻又承認「天之生民，非爲君也；天之立君，以爲民也」，以及「皇天隆物，以示下民」。王充卻把荀子對天、地的看法極端化，認爲天地不但無知，亦且無任何心意（十四：8下）。「天之與地皆體也」（七：3下）；天不能聞人言（四：12—13）；地既不能哭，天亦不能怒（六：14—15）；天既無心意，當然不可能以災異譴告人（十四：7—8），人也不可能感動天地（十五：2下）或求雨（二十九：2—3）。總之，「夫天道自然也，無爲。如譴告人，是有爲也，非自然也。黃老之家論說天道，得其實矣。」（十四：8上）最後所引數語可謂一針見血：王充對天與地的看法得之於道家思想。

不僅如此，王充還更進一步，認爲人生於天地之間完全出於偶然：「夫天地合氣，人偶自生也。……然則人生於天地也，猶魚之於淵，蟣虱之於人也；因氣而生，種類相產。」（三：16上）這也就是說，不但人之禍福來自偶然的遭遇，天地間的人與萬物也出於偶然，一切均無意義可

言；用沙特存在主義的用語，可以說一切都是荒謬的。

儘管如此，王充卻仍有追求：「夫德高而名白，官卑而祿泊，非才能之過，未足以爲累也。……身與草木俱朽，聲與日月並彰。行與孔子比窮，文與揚雄爲雙。」除此以外，王充也頗用心於「養氣自守」，「庶幾性命可延」（三十：8下，10）。這使我聯想到卡繆（Albert Camus, 1913-60）的《西西弗斯神話》：西西弗斯天天不斷把一塊石頭滾至山頂，又讓它掉下，隨卽重新開始這無意義的努力。但卡繆卻說：「必須想像西西弗斯是幸福的」[20]。

然而，王充引用孔子「死生有命，富貴在天」二語時卻犯了一個很大的謬誤，那就是完全用他自己對「命」與「天」二字的用法去理解孔子。實則依據《論語》所載，孔子的「天」多半指上帝；他所云的「命」因此亦與上帝之命脫不了關係。

(五)董、劉、王三人「天」「命」思想的影響及哲學評估

從哲學觀點來看，董仲舒《春秋繁露》的特色，在於一方面相信人與宇宙均有意義，因爲宇宙

---

[20] Walter Kaufmann, *Existentialism from Dostoevsky to Sartre*, Cleveland: World Publishing Co., 1956, pp. 312-3.

的最高根源——天地具心意與目標；另一方面，包括宇宙萬物整體的天地又是遵循自然規律刻板運作的大自然。董氏相信天有無窮極的仁心，而人在宇宙之中佔特殊地位，因爲「人下長萬物，上參天地」（〈天地陰陽〉第八十一：329）。另一方面，他也把「天地」「陰陽」「木火土金水」之間的自然運作過程視爲心意的表示，隨時對這些自然運作賦以擬人意向，並以之爲人行爲的準則。例如他認爲「臣之義比於地，故爲人臣者視地之事天也。爲人子者，視土之事火」（〈陽尊陰卑〉第四十三：229）。同樣地，董氏以下述推論肯定重男輕女的原則：「知貴賤逆順所在，則天地之情著，聖人之寶出矣。……陽始出，物亦始出；陽方盛，物亦方盛；陽初衰，物亦初衰；物隨陽而出入，數隨陽而終始；三王之正，隨陽而更起。以此見之，貴陽賤陰也。……達陽而不達陰，以天道制之也。丈夫雖賤皆爲陽，婦人雖貴皆爲陰」（同篇：228）。

要如我們把《春秋繁露》的尊卑觀和《荀子》作一比較，就會發覺二種思想的尖銳對比：荀子把天（大自然）與人分得非常清楚：大自然依「天行」的常道（天道）刻板地進行著，需要人的智慧去管理，這就是〈天論篇〉的主旨所在。人的社會（羣）卻需要「聖人」與「人君」去「分」：「人之生不能無羣，羣而無分則爭。……而人君者，所以管分之樞要也」（〈富國篇〉第十：22—24）。荀子所云的「分」也就是君臣、夫婦、貴賤之分；但他完全從人類社會的需要著想。因爲，「欲惡同物：欲多而物寡，寡則必爭矣」（同篇：4—5）爲了「養人之欲，給人之求」，荀子認爲社會必需有貴賤尊卑的禮義之分（〈禮論篇〉第十九：2）。荀子也主張專制政治及社會等級，但理由完全基於人與人之間的利害關係。董氏則把這一社會制度植基於天心天意天命，而天命又表現於天地陰陽五行的大自然運作過程。大自然的運作是經驗事實；「地事天」、「土事火」、「陽尊陰卑」則屬於擬人化的主觀構想。董氏之所以能把這些對大自然擬人化的構想視爲人行爲的準則，是因爲他把天與大自然視爲上帝。這樣，大自然的一應現象也就成爲上帝意旨的顯示。

不獨此也，在這次「漢代文學與思想學術研討會」（七十九年六月二、三日）中，曾春海先生的論文（五、正義的政治、經濟觀）充分指出，董氏從陽尊陰卑之說推演出絕對的尊君說，甚至主張「臣不奉君命，雖善，以叛言。」（70：291）這也就是說：卽使帝王的命令違反理性，爲臣者也不得不「順命」。這顯然是替帝王的極權統治辯護。

很高興在同一研討會中聽到林聰舜與沈清松二位先生不約而同地指出，漢初服膺的黃老思想已蘊含了秦代的法家思想，藉以滿足統治者的支配需要。這一基本事實在漢武帝「獨尊儒術」以後也並未改變。董氏絕對的尊君思想則一點不符合孔孟精神，也沒有荀子那麼高明，徹頭徹尾成爲專制政體的工具。

值得注意的是：董氏綜合自然觀、人觀及宗教觀爲一體的這一看法亦可見諸《易傳》與《白虎通》。〈繫辭〉一開始就說：「天尊地卑，乾坤定矣。卑高以陳，貴賤位矣。」〈繫辭〉又認爲「天地之大德曰生」，因此天地以生物爲目標；人則需要天的助佑：「自天祐之，吉無不利」

（下1—2），「天之所助者順也」（上11）；同時卻又肯定在生生不已「一陰一陽」的常道（上4）。《易傳》這一思想與《春秋繁露》若合符節。但《易傳》既無五行思想，大約不曾受董仲舒影響，而後者很可能受前者影響。反之，《白虎通》把五行陰陽與東南西北、春夏秋冬混在一起，又說：「子順父，臣順君，妻順父何法？法地順天也。男不離父母何法？法火不離木也。女離父母何法？法水流去金也」（《白虎通》卷二上：1—9）：其論調完全取之《春秋繁露》。卽此可見董氏對後代影響之深。

《淮南子》的著作時代雖與《春秋繁露》大致相同，卻比較偏重自然之道。《淮南子》也說「天有四時五行九解」，而人與天地相參（卷七：100）；但他的「天」僅指大自然，並不與有心意的上帝相混。

《論衡》曾徵引「淮南書」，對淮南王「好道學仙」（七：2上）及「天柱折地」之說（二十九：8下）頗多貶詞，甚至斥爲「浮妄虛僞」。但本文曾指出，王充的性與命之分卻與《淮南子》的〈詮言訓〉（十：162）若合符節。《論衡》提董仲舒之處比提淮南王劉安至少在一倍以上。王充頗贊賞董氏的對策之文（二十：6上），但對他的求雨之術頗不以爲然，認爲「人不能以行感天，天亦不隨行而應人」，「天之暘雨自有時也。……當其雨也，誰求之者？當其暘也，誰止之者？」（十五：6—8）

上面這些話充分表示出，王充的天祇是循刻板規律運行的大自然。循常道的大自然是人的經驗範圍所及，也是王充所信服的東西（卷十八，〈自然篇〉第五十四）。這以外，無論是書中所載，也無論是道聽途說的事，王充都持批判態度。因此，《論衡》中的許多篇都是對一般人所信表示懷疑：例如〈書虛〉是批判一些「虛妄之書」，〈變虛〉、〈龍虛〉、〈道虛〉等一共九篇都屬這一類的篇章；〈語增〉、〈問孔〉、〈刺孟〉等篇亦然。董仲舒的天心、天意、天命尤被目爲無稽之談。一如上文所言，王充以爲不僅人的遭遇是偶然，宇宙間的萬物均不藉心意而自生。「天地合氣，萬物自生。……天動不欲以生物，而物自生，此則自然也」。至於何以可肯定天地均無心無意無爲，〈自然篇〉有下列推論：「何以天之自然也？以天無口目也。案有爲者口目之類也。……今無口目之欲，於物無所求，索夫何爲乎？何以知天無口目也？以地知之。地以土爲體，土木無口目。天地夫婦也。地體無口目，亦知天無口目也」（十八：1—2）。

王充的這一推論一方面基於經驗，另一方面基於他對無口目即無心無欲，以及「天地夫婦也」的信念。但後一信念毫無事實根據；至於心靈生活是否必然與物質的口目共存亡，這也不是一句話就可解決的問題。基本上，王充認爲心靈生活必然與物質的口目共存亡，是基於經驗主義。而經驗主義在知識論上是無法立足的。此外，宇宙有規律與次序，何以這一切都起源於盲目的偶然？王充這一想法非常相似莫諾（Jacques Monod, 1910-76）由偶然的累積產生必然規律的說法[21]。

[21] Jacques Monod, *Le hasard et la nécessité*, Paris: Seuil, 1970.

本書第八章嘗試說明，莫諸此說無法成立。此外，王充在許多篇章中雖表現出不平常的批判與懷疑精神，卻又迷信天象、星座、骨相與瑞應，與科學精神相差奚啻天壤？

然而，王充「人亦蟲物，生死一時」的虛無主義論調卻對魏晉時代影響深刻，而盲目的命運觀至今尚影響中國人的心靈。但相信宇宙與人生均爲無意義而荒謬的，這一想法無法滿足人心。這也許是佛學與佛教從此大盛於中國的背景之一吧：它們滿足了那時代中國人對人生意義的追求。

讀者也許會發覺，本章引用《荀子》之處特別多。這一作法並非偶然，因爲這正好證實梁任公的話：他肯定漢代以後的儒學僅係荀學一支。本文則更指出，荀學也影響到其他各家的思想。

十一、陰陽合德之哲學評估

「一陰一陽之謂道」，「陰陽合德而剛柔有體」，這些耳熟能詳的句子是出自《易經》的《繫辭》。兩千年以來，這些基本概念一直都是儒道兩家的形上學基礎。對這兩家而言，陰與陽都是代表相反相成的兩種始元。本文將剖析陰陽合德這個概念的歷史淵源，對之加以現象描述，並由宇宙論、人類學和神學的觀點加以省思。

㈠歷史淵源

陰陽概念的起源必須要追溯到中國的上古時代。陰、陽在《詩經》裏各代表山的南面和北面❶；《尚書》中除僞篇〈周官〉以外，未曾出現過陰陽兩字並用；《論語》亦未提及陰陽。然而，始自周初（西元前十二世紀末）的八卦是以實線和斷線分別代表相反的對偶，如男女、強弱、明暗等等。我們可以確定在這個時候人們已經有了陰陽的基本概念。

儘管這二概念很早就流行，最早闡揚陰陽關係的可能是陰陽家❷，而第一本討論道和陰陽之和諧關係的哲學著作則是《道德經》，大約成書於戰國時代（480-222 B.C.）晚期，且在《論語》之後。《道德經》中有「萬物負陰而抱陽，沖氣以爲和」二句（四十二章）。後代註釋家對陰陽與氣的關係雖有不同意見❸，卻都同意道德經中的萬物是由陰陽結合而成的。在這意義之下，莊子將陰陽理解爲宇宙的兩種創生力量，爲天地之根，萬物之母；所以，陰陽也是人的起源❹。

荀子是第一位擷取道家形上見解的儒家學者，因爲在他的思想裏宇宙起源於天地與陰陽之合

---

❶ James Legge, *The Chinese Classics*: Vol. IV, *Book of Poetry* (Taipei, 1972), Ode 19, p. 29; Ode 250, p. 488. Vol. III, *Book of Historicrical Documents*, Yü-kung, pp. 130, 134. 梁啟超，〈陰陽五行說之來歷〉，參考顧頡剛編，《古史辨》，第五册下編，頁三四三—三四七，臺北，明倫，一九七〇。

❷ 梁啟超，同上，頁三五三。

❸ Wing-tsit Chan, *A Source Book in Chinese Philosophy*, Princeton: Princeton University Press, 1963, p. 161.

❹《莊子集解》，臺北，世界書局，民國五十年，頁四二—四三。

❺。荀子秉持儒家道德見解卻又兼採道家形上學的理由很容易理解。孔子和親炙弟子們都懷著強烈的道德信念，投身於實際的政治和教育的工作。孔子對天與宇宙規律的看法大約因襲《書經》（尤是是〈洪範〉）的有神論觀點，繼他而起的弟子卻開始懷疑徬徨。到了戰國時期，中國的宇宙觀已整個籠罩在《道德經》的影響之下，連儒家的知識分子亦為之傾倒。荀子就是在這個背景下把宰制萬物的道和儒家對政治與道德教育的關懷揉和在一起❻。當時，順著時代潮流而採取道家形上學的並不只荀子一人：同一時期的其他思想家也是如此，如《呂氏春秋》的呂不韋和《易傳》的作者等。

有關於儒道之間的這個聯結，在《古史辨》第三册對《易傳．十翼》之來源的考證中有長篇幅的討論。根據這些討論，〈十翼〉大約是出自春秋與戰國時期的儒者之手。〈十翼〉就和荀子一樣，揉和了道家形上學和儒家的道德及淑世情懷。我的意見一方面是根據對《荀子》章句的解析，另一方面則是根據對荀子及其前後和同時代思想家的比較。孔子門人（包括孟子）所相信的天能宰制天地，垂聽祈禱，裁決人們對領袖人選的推薦；而荀子的天純然只是一種自然力量❼。前述的「揉和」理論正好解釋了早期儒家（包括孔子自己）和荀子以後的儒家之間的義理鴻溝。

❺《荀子集解》，臺北，世界書局，民國五十年，頁二四三。
❻項退結，《中國人的路》，臺北，東大圖書公司，民國七十七年，頁三一—三六。
❼項退結，同上，頁一四六—一五二。

《易傳》卻保留了相信主宰之天的若干句子。

〈十翼〉中最重要的部分是〈繫辭〉，包含了豐富的義理內涵。例如本文首段所引用的兩句之中，「一陰一陽之謂道」說明道的兩個範疇以及兩者的關係：就道而言，陰陽只是一體之兩面；而「陰陽合德而剛柔有體」則說明陰陽的結合。

陰陽關係的形上學在中國哲學裏佔有無法取代的地位，因爲它已浸透了自漢初以至於今的整個中國哲學傳統。

(二)陰陽之現象描述

我們首先要從《道德經》著手，因爲《道德經》是最早開始思考陰陽和合的哲學著作。且看第四十二章：「道生一，一生二，二生三，三生萬物；萬物負陰而抱陽，沖氣以爲和。」❽由於陰陽同時出現在這章裏，所以註釋家咸認此章的「二」指的是陰與陽，「三」指的是陰陽之合。但爲什麼說「道生一」呢？可能是說道本身卽是一，而「生」則指謂一種心理聯想；因爲一想到道，我們就會想到它是萬物起源，是最原初的一。中國的文字用法極爲豐富，所以像「生」

❽ 同❸，頁一六○。

這個字未必就指產生，就如同「無中生有」中的「生」可以指產生，也可以指心理行爲，把沒有的事想成有。第四十二章的前兩個「生」就不是產生的意思。這一章表達了幾種意義：㈠萬物都是由陰陽這兩種實在的氣結合而產生；㈡萬物都各自負載了陰氣與陽氣；㈢陰氣與陽氣的結合構成了和諧的關係。

由於「萬物」指的是宇宙實在的整體，所以「三生萬物」的「生」一定是指實質的產生。並且，萬物既負陰而抱陽，所以陰與陽和諧的結合不但是宇宙實在的動力因，而且也是質料因。陳榮捷先生將「氣」釋爲物質性的力量，這點稍後再論。我個人認爲「氣」在此應該釋義爲「實在的因素」，因爲陰與陽是實在的存有者（Actual Entities），亦即實在的事件、東西或關係。如前所述，陰陽本指山之南北兩面，所以絕對不是在邏輯上相矛盾或相反的對立元。嚴格地說，陰陽應該是任何東西、事件或關係之相容相依且相反相成的兩種因素❾。

《道德經》雖然提到了陰與陽的結合，但卻沒有說明如何結合。《易傳》則說明了兩種結合的方式：一、兩個階段的更替；二、兩種相反相成因素結合於一體。「一陰一陽之謂道」可說兼有這兩種意義。然而〈繫辭〉下「日往則月來，月往則日來，日月相推而明生焉；寒往則暑來，暑往則寒來，寒暑相推而歲成焉」❿顯然是指兩階段更替這一類型的結合。不過在〈繫辭〉中還

❾ 蕭師毅（Paul Shih-Yi Hsiao），*Bipolarität als Ganzheit im Chinesischen Denken und Leben*, Zeitschrift für Ganzheitsforschung, 27. Jahrgang. Wien-IV/1983, S. 147-158.

是有許多相反因素互相結合於一體的例子，如「天地之大德曰生」、「陰陽合德」等。

㈢由宇宙論、人觀、神學觀點對陰陽合德的哲學省思

1. 陰陽合德在宇宙論和人觀和神學上的特性

這個小標題或許長得令人不解。一般都認爲中國傳統的陰陽合德概念兼有宇宙論和人類學的意義，因爲它包含了天地人之間的關係。但它和神學有什麼關係呢？且藉亞里斯多德形上學來澄清這點。在《形上學》第六卷和第七卷裏，亞里斯多德提出了三種思辨性的學問：數學、物性學和神學；而其中以神學最爲重要，因爲它處理的是實在界最重要的層面。我們都知道亞氏在此所說的神學指的就是處理存有者之爲存有者的始元的「第一哲學」⓫。在存有者之爲存有者的始元與原因的追索上，亞里斯多德提出了一種永恒、必然、絕對不朽的實際存在的東西，他的理由是

---

❿ 同❸，頁二六八。

⓫ Aristotle, *Metaphysics*, *tr.* *Hugh Tredenick* (London: W. Heinemann, 1958), Book VI, i. 10, pp. 296-297; pp. 86-89; Book IV, i, pp. 146-147.

「假如這些東西不存在，什麼都不會存在。」⓬亞氏在此觸及了實在界的終極基礎。此處毋須討論亞氏所提出之永恒必然存在者是屬於那一種，重要的是他將這類問題稱作神學問題。陰陽合德也具有神學意義，因爲雖然乍看之下它討論的只是宇宙的生發，但是它也是萬物存在的終極解釋。自漢代以降，中國思想家幾乎都是如此。凡是認爲天地係宇宙實在的終極根源，其中就顯然有神學的義蘊。這點格外可在方東美的著作裏見到，如「宇宙的普遍生命遷化不已，流衍無窮」，「是一個包羅萬象的廣大生機」，「天以陰陽五行化生萬物」⓭等句都含有這種神學義蘊。

依照中國思想的傳統方式，我們將同時討論宇宙論、人類學和神學三個層面。人之存在的問題，在傳統思想中一直都居核心的地位。最早期間，解釋並引導人之存在的是一套有神論的想法。然而，中國古老的這一套有神論並不能解決一些根本問題，於是便由陰陽合德的想法取而代之。用來代表地的陰和代表天的陽遂被視爲宇宙實在的終極根源，而人居天地之間則扮演了很特別的角色。

⓬ 同上，Book IX, viii. 17, pp. 462-463.
⓭ 方東美，《中國人生哲學》，臺北，黎明文化事業公司，民國七十六年七月五版，頁四一—一一九等。

2. 古代中國信仰與早期儒家

早期中國宗教信仰的風貌充分地展現在《詩經》和《書經》裏。古代中國人相信的「帝」或「上帝」⑭並不是《創世紀》所云「在起初創造了天地」的造物者，也不是先知耶利米所說的「用能力創造大地，用智慧建立世界，用聰明鋪張穹蒼」⑮的那位上帝；卻也不是中國版的希臘宙斯神或是羅馬朱彼特神⑯，那只是大自然（天空）的化身。古代中國人相信的神宰制著世界，對社會或個人也有絕對的統馭⑰。以下《詩經》的句子簡直可以出現在《舊約》的詩篇中：「皇矣上帝，臨下有赫；監觀四方，求民之莫」。由於《詩經》中的「天」是帝居住的地方，所以「天」與「帝」並非一事，這在下句中尤其明顯：「文王在上，於昭于天。……文王陟降，在帝左右。」⑱據此，我們可以說最古代中國人所信的帝是人事與自然世界共同的至高主宰，並且也

⑭ 胡厚宣，《甲骨學商史論叢初集》（第一册），成都，一九四四，頁二—一一。

⑮ 《創世紀》，一章一節；《耶利米書》，十章十二節。

⑯ Richard Comstock (ed.), *Religion and Man: An Introduction* (New York: Harper and Row, 1971), pp. 65, 103.

⑰ Legge, *Book of Historical Documents*, pp. 173, 323, 362-374, 385 etc.

⑱ Legge, *Book of Poetry*, pp. 448, 427-428；胡厚宣，同⑭書，頁一〇—一一。

是有知有意、超越天地的一位活著的神。表面看來，中國上古的有神論信仰似乎和本文題旨不甚相干，因為這種信仰並不牽涉陰陽合德的概念。然而，下文將說明原始的有神論卻是道家形上學的濫觴。因為先民天真地相信所有的人事與自然現象都是上帝意志的顯示，而非自然律的作為。由於那時代人們相信上帝是多少有些任性的人世主宰，自然現象亦均以「帝令」或「天命」來解釋[19]，所以我將這種信仰命名為「神意論」（Theistic Voluntarism）。

然而，《左傳》於魯文公五年（公元前六二二年）已引用過的〈洪範〉卻已用九疇中之第一與第四疇來解釋大自然現象，而把九疇的來源歸功於上帝，顯示出思想方面已由素樸的神意論發展成與有神論並存的自然規律想法。

孔子忠實地繼承了這份哲學及宗教上的遺產，自稱「述而不作，信而好古」[20]。他相信有鬼神，信仰他禱告的天（西周後「天」與「上帝」同義），平靜地接受天加與他的使命，而且曾說「不知命，無以為君子」。同時他認為大自然自有上帝所頒賜的運作規律，因此有「天何言哉？四時行焉，百物生焉。天何言哉？」等句[21]。孔子和當時的門人卻沒有討論過陰陽的問題。是

[19] 陳夢家，《殷墟卜辭研究》，北京，科學出版社，一九五六；Legge, *Book of Historical Documents*, pp. 356-360.

[20] Legge, *Confucian Analects*, VIII. 1, p. 195（《論語‧述而篇》）。

[21] 同右，XX, 3, p. 254（〈堯曰〉第二十），XVII, 19, p. 326（〈陽貨〉第十七）。

的，孔子也講論「道」，但這是指人間世的道，是一種道德的和理性的行爲準則，不是宇宙天地之道。

先民之所以相信上帝降旨，大約是由於道德上的理由；孔子也是如此，就如同康德認爲上帝的存在是實踐理性的設準一樣。上古中國人體會到應當遵守道德義務，並對自己的善惡行爲負責，因此已體會到人有自由抉擇能力，並相信必須有一位賞善罰惡的上帝，同時這位上帝也是一切自然現象的主宰。沒有對上帝的信仰，人類對道德義務的事實會覺得荒謬。《詩經》裏的上帝有時似乎有些任性，然而已受到〈洪範〉影響的孔子看來[22]，由天而降的天命卻是合理而符合人性的。

儘管如此，一般老百姓心目中根深蒂固的「神意論」卻不能自圓其說，特別在孔子之後的動盪時代更難以立足。

3. 道與陰陽合德的原始概念及其普遍有效性

在動盪的戰國時代裏，世事如此地不公與紛亂，讓人覺得這樣的世界不可能有一位善良公義

[22] 項退結，〈孔子的述古與創新及仁之現代意義〉，臺北，《國際孔學會議論文集》，一九八七年，頁一二三五—八。

的上帝存在。誠如胡適所言，在這個時期，有知有意的上帝逐漸爲周行不殆的道所取代㉓。這個意見也合於班固在《漢書．藝文志》的說法：「道家者流，蓋出於史官，歷記成敗存亡禍福古今之道」㉔。所有歷史現象既然都可歸因於道之運行，上帝的存在就成爲多餘。《道德經》所言的道不僅是人事現象的主宰，也是自然世界的樞紐。道和陰陽一樣，既是至高永恒的主宰，也是萬物最根本的創生者與推動者。「故道生之，德畜之，……是以萬物莫不尊道而貴德。道之尊，德之貴，夫莫之命而常自然。」㉕

在這樣的前提之下，當然就很容易了解，莊子爲什麼要教人享受自然而不要破壞自然的純眞和扭曲自然的「德」；因爲人祇不過是氣之凝聚，氣聚則生，氣散則亡。人妄想宰制世界，是莊子最憎厭不過的事㉖，因爲陰陽和合的道才是萬物之母和人事與自然的主宰。這就是原始道家的宇宙論、人類學以及前述意義下之神學的風貌。就神學的觀點來看，道是萬物的終極根源，也是萬物的主宰與操作者。像斯比諾撒（Spinoza）那樣的哲學家會稱之爲「神」，祇不過這個「神」不是有神論的位格神，而是一種內在於宇宙的非位格神。

這裏要提出一個問題：陰陽被稱爲氣時，它們所指的是否就是物質？陳榮捷教授將《道德

㉓ 胡適，《中國古代哲學史》，臺北，臺灣商務，民國四十七年，頁五〇—五二，頁六三。
㉔ 班固，《漢書》，臺北，民國七十四年，頁一七三二。
㉕ 比較陳榮捷，同❸，頁一六三。
㉖ 同❹，二十二章，頁一三八。

經》四十二章「沖氣以爲和」句的「氣」譯作「物質性的力量」「Material Force）㉗。然而這並不是唯一可能的譯法。如果單就物質的一面來談陰陽及陰陽所構成的世界，意義似乎太過狹隘，而且似乎也會將實在界化約至物質的層面；這個說法今日已經無法立足。海森堡（Heisenberg）指出現代的物理學已經不再把原子的微觀結構視爲一般意義的「物體」，而以數學的公式、法則來理解它，就如柏拉圖所說的「觀念」㉘。即使我們不完全接受這種說法，至少必須承認在物質的內部結構裏，觀念確實佔有舉足輕重的地位。

我個人認爲我們可以用物理、生物、知性與社會等不同的層面來理解陰陽㉙。嚴格地說，陰陽並不是那種可以在邏輯上包含普遍性較低層次的普遍概念，而只是一種不很嚴格的普遍概念，其下包含了許多相反相成的因素。像潛能與實現，主動與被動等西方的概念便可視作陰與陽的關係。

還有一個重要問題便是道的自身一致性（Self-consistency），正如《道德經》第二十五章所云：「人法地，地法天，天法道，道法自然。」㉚李約瑟對此的評論是：「多種事物的和諧共

㉗ 同❸。

㉘ Werner Heisenberg, *Schritte über Grenzen* (München: Piper, 1971), p. 236.

㉙ Thaddeus T. C. Hang, Towards a More Comprehensive Concept of Life, in A-T. Tymieniecka (ed.), *Analecta Husserliana*, Vol. XVII (Dordrecht: Reidel, 1984), pp. 21-30.

㉚ 同❸，頁一五三。

生非起自外在的權威主宰，而是由於它們都是宇宙圖案之各個階層之一部，它們遵循的是自身一致的內在命令。」依李約瑟的說法，道顯然就是這個宇宙圖案㉛。依從宇宙之道的法則不是出自立法的神，而是由於它內在自身的一致㉜。

正如海森堡所言，統御原子以下微觀世界的法則是極其複雜而均勻對稱的數學公式；以柏拉圖的語言來說就是「觀念」㉝。至於觀念是否能夠離思想它們的思想者而獨立發生，則始終是一個待決的問題，如果它們不是由某一心靈所思，則又何從而來？一個可能的答覆是：偶然發生的。但這實在不是一個很好的答覆，因爲「偶然」實無法解釋複雜的秩序。《道德經》則提出另一種答覆：道或觀念是自身一致的。然而，不論在東方或西方，人們都曾在上帝有意識的思慮中替法則找到一個終極基礎。費羅（Philo）、奧古斯丁（Augustine）以及〈洪範〉的作者都曾經追問過同樣的問題。成書於公元前六二一（魯文公五年）以前的〈洪範〉包括了綜攝人事與大自然的九疇，其中人事部分兼含道德和政治層面；而這些法則都來自一位有知有意的天或上帝㉞。至少在自然法則這一點上，海森堡會同意〈洪範〉，他會說上帝是一位數學家㉟。然而，內在自身

㉛ Fritjof Capra, *The Tao of Physics* (Bungay: Fontana/Collins, 1979), p. 306.
㉜ *Ibid.*, pp. 305-307.
㉝ 同㉘，頁二三〇—二三七。
㉞ 同⑰，pp. 320-344; Legge, *The Chinese Classics*, V, The Chun-ts'ew with the Ts'o-chuen, p. 240.
㉟ 同㉗，p. 230; "*Scientific Truth and Religious Truth*," *Universitas Quarterly*, Vol. 16 (1974), pp. 1-3.

一致的觀念、道、或理，都是由一個能思想的心靈所思。這兩個肯定卻是相輔相成而並非矛盾。多瑪斯也曾做過這樣的綜合，他一方面同意奧古斯丁所說的「觀念是第一個或原初的型式……，因爲本身並非被形成」；另一方面，他主張這些觀念是分享上帝本質的一些相似性，而上帝對自己的本質則有完全的認知㊱。

多瑪斯承認有非受造的原初型式，亦卽自身一致的觀念；然而他在肯定上帝認知這些觀念(因爲是祂神性本質的仿本)時，是做了互爲補充的肯定。由於自身一致的觀念或宇宙之道並非外加的，而是分享神性本質的仿本，所以《道德經》和〈洪範〉的觀點可以互相調和。

第三個問題涉及陰陽合德原則的普遍有效性問題。陰陽結合能產生和諧並化生萬物的說法的確有獨到的見地，赫拉克利都斯(Heraclitus)也有可相比擬的說法：「和諧卽在於對立的緊張之中，就如同弓和弦的關係。」㊲

我們可由以下四點來思考這種關係：

(1)對立元若適當地結合能產生和諧。但若時機及其他條件不當，結合反會造成混亂與衝突，這是件經驗事實。至於說對立元的任何結合自動產生和諧，則絕對是錯誤的。

㊱ St. Thomas Aquinas, *Summa Theologiae* (Latin text with English translation), Vol. 4, Knowledge in God (New York: McGraw-Hill, 1964), Qu. 15, art. 2, pp. 64-69.

㊲ Kathleen Freeman, *Ancilla to the Pre-Socratic Philosophers* (Oxford: Basil Blackwell. 1962), p. 28.

⑵兩個先後發生或同時發生的對立元結合之所以可能，只是因為它們屬於同一完整的事件、事物或關係。所以，肯定陰陽合德為任何單一事物的有效原則，就蘊含了這是一個完整的事物（如一座山、一個人、一個家庭、一天、一年）。因此，主張陰陽合德適用於宇宙整體，即主張宇宙是一個完整的全體。

⑶亞柏爾（Karl-Otto Apel）教授在同一「和諧與衝突研討會」中發表的〈由衝突而生的和諧作為自然與文化演進的問題〉一文中㊳，認為在大自然與人類文化的演進過程中，衝突是演化的必經階段。從陰陽合德的觀點來看，我想可以這樣去理解衝突與演化的關係。同時或連續發生的陰陽結合表示有了某一種臨時的和諧。但是要使邁向更高層次的演化得以發生，則必須先突破原有的和諧而發生某種衝擊，就如生物進化過程中的「生命衝力」（Élan Vital），以及在知性、道德或社會層面之進化過程中，個人或社會的新見解新覺悟。這時，「生命衝力」或新見解就代表陽的成份，原有的陰陽結合則處於陰的地位；這兩個成份又形成了相反相成的關係。儘管如此，演化仍是以一個更廣及更高階層的和諧關係為目標。只有尚未化解的差異才會導致衝突。套用尼維爾（Neville）教授也在同一研討會中的一句話，存有不是處於和諧之中，就是處

㊳ Karl-Otto Apel, *Harmony through Strife as a Problem of Natural and Cultural Evolution.* Shu-hsien Liu and Robert E. Allinson, *Harmony and Strife: Contemporary Perspectives, East and West*, Hong Kong: The Chinese University Press, 1988, pp. 3-19.

於朝向更廣更高和諧的奮進中㊴。

⑷更成問題的是毫無保留地主張所有的陰陽結合都會化生新事物。這種說法祇有部分爲眞，不能當作普遍眞理。把陰陽結合當作宇宙實在的終極根源則更沒有哲學上的基礎。一如本文作者在別處曾努力說明，陰陽合德只能用來稱述宇宙的普遍關係㊵。

㈣後期儒學的陰陽合德及其問題

本文所云：「後期儒學」是指接受了「道」和「陰陽」等形上學以後的儒家，也就是《荀子》、《易傳》、兩漢及宋明儒學。

後期儒學雖然融合了道家的形上學，但在這融合裏卻帶有很重要的改變。首先，在道家的世界裏，道和它的陰陽和諧關係構成了必然的自然規律，人在這個世界裏扮演的幾乎是純然被動的角色。《易傳》將「道」、「陰陽」融入儒家思想以後，已把生生不息的心意賦給天和地，天地即至高的陽和至高的陰；人則在天地之間居特殊地位，在宇宙中轉爲扮演積極主動的角

㊴ Robert C. Neville, *Between Chaos and Totalization*, Ibidem, pp. 49–58.

㊵ 見㉙。

色㊶。

董仲舒（179-104 B.C.）對此闡述的更爲明白，他的天地是如四時一般的自然力量，而天卻也同時是「上帝」。天與地雖然同時也指天空，但也被視爲宇宙的起源，而且接受人們最高崇敬的祭祀。此外，天、地、陰、陽、木、火、土、金、水、人被並稱爲「天之數」。「人下長萬物，上參天地」，居於「天之數」的核心地位，其所作所爲能夠影響整個宇宙㊷。

董仲舒之後的兩千年裏，儒家雖經歷了多次的興衰榮枯，但是除了細節的分歧以外，大體上儒者都同意道（有時亦稱作太極）和它的陰陽之合是宇宙和人的最高根源，而且所有的儒者都循著《易傳》和董仲舒，賦予天地以創生萬物的仁意，也由此伸引出人與人之間當以仁相待的道德義務。

現在我們要對後期儒學進行哲學性的評估。陰陽雖可以用來說明宇宙間所有實在事物之間的關係，但是必須從若干不同層次來看這個普遍關係。應該說人是在不同層次上有陰陽互動的關係；與物理事物在物理層面上有陰陽互動關係，和生物在生物層面有陰陽互動關係，和知識對象在知性層面上發生陰陽關係，和其他的位格則在社會層面上發生陰陽互動關係㊸。只有在這種廣

㊶ Z. H. Sung, *The Text of Yi King* (Shanghai: China Modern Education Co., 1935), Hexagrams I, II and XXIV, pp. 3, 12, 15, 107-108.

㊷ 蘇輿，《春秋繁露義證》，臺北，六十三年，三十三、四十四章、七十章、八十一章。

㊸ 同㉙，頁二九。

泛的視域之下，合乎實際的宇宙論、人類學和神學才能建構起來。後期的儒家正因爲沒有釐清這些基本不同的層面，才會留下許多待決的疑難。

第一，這類型的儒學往往以物質來理解陰陽，因而陷入一個弔詭：一方面人只是物質之氣的凝聚與消散；另一方面人又被擢升至對道德乃至對宇宙負責任的地位。這兩種說法在各自的脈絡裏都不易自圓其說。

其次，道德義務如何可能由宇宙論導出？在後期儒學裏似乎就有這個現象。〈繫辭〉說：「一陰一陽之謂道，繼之者善也，成之者性也。」（〈繫〉上4）這些句子似乎主張道兼有物性的善和道德性的善，而後期儒者對這段的理解顯然是認爲它有道德意涵。然而道德上的「應該」唯有在一個人意識到位格際關係中的義務時才可能存在。宇宙自然之常道絕不可能是這種位格際關係的泉源。即使道具有創化萬物的「仁德」，它依舊不足以產生道德義務，因爲宇宙常道與「仁德」並不知道自己的作爲，董仲舒之後一千四百年的朱熹也承認這點㊹。

儒家倫理學的根基是講求忠恕的仁，儒者相信這是人之所以爲人的天性，並且也是應當奉行終身的責任。因爲它是先起本有的，所以無怪鮮有儒者願意接受他律性（Heteronomical）的立法者做爲道德義務的泉源。早期道家也否認宇宙規律有外在的立法者。但是如果仁本身被視爲上帝

㊹《荀子集解》，十九章，頁二四三；《朱子語類》，臺北，正中，民國五十一年，第一冊，第一部，頁三。

合於儒家以位格際關係爲基礎的倫理學㊺。

所賦的人之天性，而上帝又被理解成「仁」之關係的伙伴時就不同了。這種對上帝的理解似乎更

(五)結　語

陰陽合德對許多人來說也許已是歷史陳跡，傳統的天覆地載的想法更不再能立足。今日我們已經知道這樣的覆載根本就不存在：渺小的地球根本就不足以承載宇宙，而一個覆在上面的穹蒼之天根本就不存在。所以必須以宇宙整體的觀點來重新理解天地的概念。如果我們以這一觀點來理解天地，就必須面對原始道家和後期儒家所提出的問題：宇宙整體的終極基礎是什麼？人和這終極基礎又有什麼樣的關係？向任何一個西方或中國的哲學傳統裏找答案都無法完全解答這個問題，連儒家也不能提出一致的答覆。但是我們仍須乞靈於所有的哲學傳統，藉以誠實無妄地面對這個問題。

最後，萬物間不同層面的陰陽關係，以及每一個別事物對其他一切事物的普遍關係，這一切顯然有助於和諧的理解與建立。這對今日世界尤其迫切需要。

㊺ 項退結，《邁向未來的哲學思考》，臺北，東大圖書公司，民國七十六年，頁二七五—六。

十二、「人者陰陽之交、天地之心」

——透過〈禮運篇〉來奠定哲學人觀的嘗試

中國哲學典籍中，除去那些涉及道德的人性論問題以外，很少專門討論人本身究竟是什麼這類問題。《禮記・禮運篇》是一個例外。其中有兩段文字企圖對人究竟是什麼這樣的問題提出答案：「人者天地之德、陰陽之交、鬼神之會」；以及「人者天地之心」。這些話是否文字上的誇張而不值得深究呢？在描述的生命概念觀照下，我發現這些語句是有其意義的，特別在第十七屆世界哲學會議主題——「哲學與文化」角度看來更顯得如此❶。關於描述的生命概念，我曾在

❶ 這次世界哲學會議於一九八三年八月在加拿大蒙德里爾舉行。我的論文以後發表於 *Analecta Husserliana*, Vol. XXI, 77-87, Dordrecht: Reidel, 1986.

數年以前討論過，可參考我在第二屆東方現象學會議中所發表的一篇論文❷。

本文的主旨可以分爲兩個層面。第一，我希望指出〈禮運篇〉文字的深刻意義。〈禮運篇〉至少已有兩千年的歷史，它極爲強調人與物質和精神世界兩方面的關係。這種關係對每個有生命之物，甚至對所有事物均具基本重要性。第二，我希望能指出我個人的生命觀及人觀與中國傳統是相契合的。

㈠一個嘗試性的生命概念

這裏我想先對適才提及論文的生命概念作一簡短說明。該文對中國、印度及西洋哲學中所描述的生命特質提出批判性的敍述之後，就嘗試對有生命之物建構一描述性的概念，這個概念似乎足以包含各種生命現象：「一個基本的自然單元，本質上與其他單元之間有密切的關係，並具有產生其他單元和朝向更複雜、更高層級之統合性發展的傾向。」

---

❷ 該文全名爲 Toward a More Comprehensive Concept of Life，見 *Analecta Husserliana* 第17冊(Dordrecht: D. Reidel, 1984)頁二一一—二三〇。大旨可參考拙作《人之哲學》（臺北：中央文物供應社，民國七十一年），頁六六—七四。

在此我們先說明此生命概念的三個基本要素。

(1)所謂「基本的自然單元」，我指的是像原子、分子、細胞、植物、動物、人等事物，這些單元存在於自然界中，他們既非人造，亦非如結晶體之類的聚合物。爲了強調有生命的自然單元，我不接受諸如「普遍生命」、「生命自身」這一類的概念，因爲在這樣的概念下，生命似乎成爲可在有生命之個別單元以外獨立存在的實體。統合性（Unity）與個體性（Individuality）有許多層級，由高度發展而具自我意識的人之個體性到諸如原子這樣的最低形式。但所有個體性的形式中亦存在著相對的統合性。如柏格森所言，每一有生命的個體單元都由不同及互補且彼此相互作用的部分和官能組成。這種單元天生就是跟外界分離且對外封閉的。這種分離在我們的世界中卻永遠是不完全的，因此也沒有完全的個體性。例如：一株植物具有分離而封閉的個體性，但此個體性可以隨時依我們的意願加以分裂，儘管如此，生物相對地具有獨立的統合性和個體性仍係事實。

(2)與其他個體單元緊密關連也是有生命之個體單元的本質屬性之一。由此觀點而言，沒有一樣事物是完全孤立的：所有事物都互相關聯。這種普遍的互相關聯性可以用兩組不同的語詞來解釋：中國古代哲學中的「陰」與「陽」以及萊普尼茲的「知覺」（Perception）與「希求」（Appetition）（懷海德「攝受」Prehension、「共生」Concrescence、「集結」Nexus 的概念亦頗接近，並有助於了解）。這裏的「陰」、「陽」二語詞並不限於指稱雄性和雌性之間的關係，它們可以用於表示父子、母子、師生等等關係。易言之，無論自任何角度而言，一切主動與被動、施與受的關係都可以用陰陽來表達。事實上事物自某一觀點可能正在主動地施予，但同時自另一角度看來卻在被動地接受，而宇宙正是由無數陰陽關係交織而成。

萊普尼茲哲學的「知覺」和「希求」二概念雖然有其缺陷，但在此我願意藉以說明宇宙的交互關係。在萊普尼茲哲學中，單子是構成宇宙的最小元素，它們可以藉由知覺和希求的作用來分辨彼此，並透過這種作用與世界相聯繫。此一理論的缺陷在將單子視爲「無窗戶」。由於這一觀點，知覺與希求祇不過是內在變化，絲毫不受外在影響。我所說的知覺與希求意義則完全不同。我使用「知覺」一詞是根據其拉丁文「Percipere」的原始意義，亦卽佔有、擷取、收集、吸收。這意味著以任何形式在物理、生物或思想層面上取得或吸收外在事物或接受外來影響。在使用萊普尼茲「希求」一詞時，我指的是個體單元被某一外在中心吸引或者兩個以上的個體單元彼此相互吸引，甚至結合成爲新的行動中心的活動。

總之，在這兩種宇宙的交互關係中，「知覺」是攝取外在事物或外來影響，故而扮演「陽」的角色；就「希求」而言，吸引和被吸引的部分則分別扮演屬「陽」的主動角色和屬「陰」的被動角色。

個體單元必須取得或吸收或其他事物或影響力，藉以在不同的層級上維持或充實其本身之個體性。而在它被其他個體單元所吸引時，個體又被整合於更高層級的統一性之中。例如：在物質的層級上，個體單元受萬有引力的吸引；在生物的層級上，它吸收或同化藉以維持其個體性所需要的物質；在知性層級上它吸收知識；在社會層級上它受別人吸引而形成團體。

⑶產生其他單元和朝向更高更複雜層級之統合性發展的傾向，此二者之間是互補且互爲因果的。生物達到一定層級而開始產生更多屬於同一層級的個體單元，這種過程本身又是向更高層次發展的先決條件。例如：人之胚胎在受孕初期只有一個細胞，在此狀態下它不斷地複製更多的細胞；每一細胞的複製方式是創製一個和自己完全一樣的東西，恰如「鏡中之影」。胚胎的細胞達到一定的數量之後便可以朝向更複雜和更高層級的統合發展，直到發展爲具有自我意識的個人。在某一特定發展階段時，人又會在數量上成長。有了一定數量的人以後，會有形成人類羣體的傾向，羣體的形成又使人得以產生更複雜的文化和團體形態。

但我們也不能忘記，製造新個體單元，以及向更高形式之統合發展，必然伴隨著原有個體單元的死亡或低層生命形式的死亡，例如動物必須靠無數植物的死亡才能維持其生命。

我必須承認，此一生命概念使我對我國古代一貫主張宇宙基本上是一體的哲學傳統有一嶄新的理解。許多哲學家相信唯有泛神論或絕對劃一性（例如〈齊物論〉所云道或物質的齊一性）才能保證宇宙爲一體。我個人採取的觀點是同意此基本的一體，同時承認各種存有物具有本質不同的層級。在此立場下，上述生命概念可適用於較高形式的個體及個體際的關係（甚至上帝），同時在一定程度內也適用於通常被認爲不具生命的事物。「有生命之物」顯然是類比名詞，可以由兩種不同但相關的意義來理解，一種是較廣泛的意義，一種則是通用的意義。在較廣泛的意義下，前述的三種特徵在其最原始的情況之下也可以適用於一般視爲無生命的自然單元。在通用且較嚴格的意義下，「有生命之物」意指生物層級以上的事物。區分這些本質地不同的層級，才不致於抹煞生物學上有生命和無生命事物之間的差異。

(二)此生命概念與〈禮運篇〉的人觀

有兩項理由促使我作上述嘗試。一方面是由於當代最具代表性的中國哲學家(如熊十力、方東美和唐君毅)均強調生命是中國哲學中的基本觀念。我雖十分尊崇這幾位先生，卻不能完全同意他們的思想成果。我認爲，他們正確地指出了宇宙的變化、生發性和動態是生命的表徵，但他們未能清楚點明個體單元的最重要角色。另一方面，在講授哲學人類學課程時，我對現存的西方生命概念不止一次感到困惑與不解。顯然我無法在本文中解釋此嘗試性的概念如何運用於五光十色的所有生命現象上。我祇願意嘗試將它應用於解釋人類生命。處理此問題時，我將一併討論前述三項生命特徵。

現代人正爲一些片面的文化形態所苦，這些文化形態往往植基於某種單向度的人觀，例如人被先入爲主地定位在生物、感官、性慾、經濟層面上，或者僅定位於理性——組織——科技的層面上。而當我們將上述生命概念應用於人身上時，我們可以見到人的複雜性遠超過一般人的理解。在與宇宙的關係上，人是處於本質不同的若干階層上；而作爲有意識有思想的一種力量，人在宇宙中尤其扮演著特殊的角色。這兩項事實已在〈禮運篇〉的古老文字中勾劃出來：「人者陰陽之交」，「人者天地之心」。唯有這樣一個整合和眞正統一的人觀才能對人的複雜性給與一個公正的定位。否則過與不及的文化形態將支配全局，並使人性深受其害。最嚴重的一種文化形態是視哲學的討論爲空論，而其本身卻已陷於某一特定哲學的人觀（如行爲主義機械論的哲學）。由於持此見解的人往往自己也莫名其妙，此種哲學觀點是以無意識方式在運作，其作用正如神經病之情意結，因而它成爲絕對而獨斷的。另一方面，我們也必須探討我們所提出之人觀的形上學基礎。在中國哲學中此一問題往往與以下的宇宙論和倫理學問題息息相關：宇宙和人自何處而來？倫理規範的基礎爲何？

首先，人是個別的自然單元（人工授精或授孕只是指人形成過程中有了一些人工因素，並不表示人本身是人造的），因爲人是一種具有生物功能、感官知覺、自我意識的會思想的存有物，就此而言他的一切功能完全是統合的。我們必須注意，有感官知覺的人和有自我意識的人已經屬於兩個不同的階層。在生物階層上，人是由許多細胞所組成，其中每一個細胞都可以享有自主的生命，但在無數個細胞被提昇至更高的統合並因此失去獨立性以後，人就成爲更高統一體。進一步說，細胞亦由許多物質構成，這些物質又由分子、原子所組成，而分子、原子本身亦爲統一體。在此一層級中，人由許多不同事物所構成，這些事物並不保有其獨立性，而是從屬於一更高的生物階層之統合，而生物階層又從屬於更高的形式之下，即知覺和知性的階層。

在物理階層上，亦卽作爲物理世界的正式成員，人至少藉萬有引力不斷與所有宇宙中的實體發生關聯。由此觀點看來，雖然人所能影響的程度極微，但他實際上吸引著每一事物，同時也受每一事物所吸引。人也吸收空氣、水和食物等。他與萬物之間維持著廣泛無比的陰陽關係。

但在吸收外在物體時，人又躍昇至更高的生物階層，在此階層上，人的細胞能產生新的細胞，於是人的細胞又邁向更高形式的統合；此形式的統合包括㈠特殊部份的統合（如眼睛）；㈡整個人體形式的更高統合；㈢人在自我意識思想層面上的更高層統合。然而爲正確了解人的現象，我們應特別專注於知性階層：在此階層上，人意識地吸收各種知識，並受到吸引而與其他有自我意識之存有者共同形成社會關係。

人不斷地在這種階層之間跳躍，由物理階層至生物階層級、生物階層至感官階層、感官階層至自覺階層；反之亦然，不斷地在陰陽二極之間跳來跳去。要總括這所有的複雜現象，再沒有比〈禮運〉的「陰陽之交」更貼切的了。人位於各階層的中心，而意識和知性的層面更是人的正位，因此人被稱作「天地之心」也是十分恰當的。

此外，正如其他有生命之物，人並不祇是個體單元，他更被註定要形成更高形式的統合。因此個人主義無法在此生命觀和人觀中立足。正因爲他具備完全的自覺和責任，所以才被稱爲「位格」。而完全自覺的位格性是眞正人性的一部分。但人並不因此而如尼采和他的後繼者沙特所言，是自己的絕對主宰。法文最能優美地表達出人際關係的特色：完全自覺的位格性祇是眞正「自我餽贈」（Don de soi）的先決條件，只有在眞正的「自我餽贈」亦卽個人的自願交付之下，眞正的社會才有可能。

到此我們可以回頭討論有生命之物的三項特徵之一：在達到一定階層時，有生命之物會產生更多屬同一層級的個體單元。但當人在生物階層上產生別的人時，也是透過知性階層的社會組織（卽婚姻）；而他與所生子女之間的關係並不同於人與物之間的關係，而是一種特殊的形式，可稱爲「人際」（Interhuman）或「同人」（Co-human）關係，或者如孟子所稱「仁」的關係。孟子正確地指出：有意識培養出的仁是構成人之所以爲人的本質（「仁」意指二人間的感情，這一說法早已由許愼在《說文解字》中指出：「仁」字卽由「二」和「人」所構成），因爲孟子肯定「仁也者人也，合而言之道也」，這也就是說：仁與人合而爲「道」，仁卽人所應走之路❸。他以這些命題指出行仁乃是人的使命，因爲唯有藉著行仁，人才能發展成爲眞正的人。

雖然每個人都有組成社會的本質性傾向，但我們應避免走入極端而陷入集體主義的思想中。

---

❸《孟子・盡心》下16。

眞正的社會以獨立的個人爲基礎，唯有在眞正的個人自願交付之下方有眞正的社會生活，否則羣體只像是一羣禽獸的集合罷了。當代歷史已充分顯示出，缺少個人自願的交付，所謂中央集權的社會卽無法有效地運作。集權的共產主義陣營幾乎在一九八九年一年之內瓦解，就是明證。更確切地說，這樣的「羣居」關係根本不配稱爲眞正的人類社會。

㈢道德標準與人性尊嚴的哲學基礎

這裏我們必須討論與上述人觀相關的道德標準及人性尊嚴的終極基礎等問題。

我們曾經提到過一切有生命之物（因此包括每個人）具有三項特徵：㈠是一個基本的自然單元；㈡在不同階層上與其他單元以陰陽關係和知覺——希求關係密切聯繫；㈢具有產生其他單元和向更高更複雜階層之統合發展的傾向。這些特徵都是經驗事實的描述，原則上可以用經驗驗證，不需要任何先起的（A Priori）設定。將此描述性進路運用於其他階層的有生命之物，似乎並無困難，但如應用於人身上，我們就會面臨一些困難，尤以第三項特徵爲最。人具有自我意識和自我決斷的能力，因此他極易自視爲絕對獨立自主的主體，以尼采的用語說，卽自視爲超人。在實際生活中，如果不改變他們的想法，有些兒童行爲舉止活像個小皇帝；一個被寵壞的孩子很難了解，爲什麼他的擧止必須和家庭或更大的社會團體中的正常成員一樣。在某種意義之下，個人主義是與生俱來的。因此要人心悅誠服地體會到，何以人必須向更高階層的統合發展，亦卽發展至位格際的團體，本來就需要每個人的努力（參考本書第十四章）。

當然，每個人都有一種需要他人陪伴和共同構成社會統合的不可抗拒的需要，但許多當代學者認爲這種需要是一種毋須屈從的「羣體本能」。例如：人可以在某些時候決心爲他人犧牲，某些時候又作完全相反的決定。他們今天選擇愛某人，明天又決定將他毀滅，這其中沒有固定的道德規律，我們亦不須向別人提出合理的解釋，我們完全是至高無上的。這似乎正是尼采與沙特的主張，而爲許多人在生活中所奉行的。這種極端的個人主義顯然與中國最佳的傳統背道而馳，但它也並非西洋哲學的主流；充其量，它祇是十九世紀自由主義的一支，其另一支流則係集體主義。

另一種意見也與人向更高層級之統合發展的使命極端對立，那就是相信盲目命運的信念。在中國，王充（西元二七—一〇〇）是第一個闡明這種信念的人。他主要以道家學說爲本，認爲一切事物都是自然發生的，完全否定宇宙中有任何目的存在。對他而言，一切都是盲目的命運。這種命定論思想與傳入中國的佛教輪廻信仰相結合後，深深影響了中國人的心靈，迄今仍然如此。

最後我們要討論兩種現代學說，這兩種學說淸楚地表達了宇宙的根本統合性，同時卻否定個人終極的獨立性。我所指的是馬克思主義和科學主義。這些學說主張人與自然界中其他物體一無二致，他們將人類完全從屬於辯證法或大自然的律則之下。正如我曾經指出的❹，這種想法和傳統的道家思想十分神似：道家思想中的道是自本自根的，並是宇宙原初的力量，道家認為萬物均由道所生，並將復歸其根，因此就終極意義來說，人是微不足道的，人性尊嚴終究屬於幻想；個人註定將會死滅，萬物會回到道的劃一統合之中。這種返回原初之道及其陰陽二力的主張，當然與有生之物向更高階層發展的傾向背道而馳。

四 中國歷代之人觀及向更高層級開展的需要

幸好孟子（西元前三七一——二八九）這位被視為亞聖的儒家導師揭櫫出，意識地培養的「仁」（即人際感情）即係人的本質屬性，因此一切違反「仁」的行為均被判定為次於人或「非人」的行為。雖然如此，自命為超人的人依然可以選擇作次於人或「非人」的人。像凶狠殘暴的流寇張獻忠（一六〇六—一四六）便是一個明白的例子。雖然有這樣的例外情形，《禮記》在第三十一篇〈中庸〉裏仍斷言：「天命之謂性」。如果我們把這一陳述植基於形上學，它就會給所有主張至高無上之超人的理論一記當頭棒喝：你必須遵循人性中的「仁」，因為此乃天之令諭。在

❹《人之哲學》，頁一九二—三。

人性根源的最後分析中，中國古代思想中的天是具有舉足輕重的地位的。但天是否也能成爲人向更高層級之統合發展之傾向得以實現的終極目標呢？

我在另一篇論文中曾試圖說明❺，古代中國人認爲其命運（包括個人及政治的）和道德均完全來自宇宙主宰「上帝」的「命令」。孔子與孟子所謂的「天」也正是同一個上帝。成書於孔子之前甚久的《詩經》中曾言及人與最高主宰上帝的交往❻。就這一思想脈絡看來，「仁」之關係和社會組織必然是向人神之間的位格際關係開放的。這一來「人者……鬼神之會」的假設自有其非常恰當的意義。神如果是人可能在最高層級的社會中與之合一的終極目標的話，道德規範自亦爲生命發展的規範。再進一步說，如果人註定要成爲包含不朽的上帝在內之「人神際生活世界」的成員的話，他必然也能分享此不朽性，正如德日進所說：「爲了要彼此相愛，必須要彼此共存」❼。

後期儒家對天卻往往有完全不同的另一種詮釋。正如上文所云，早期儒家如孔、孟心目中的天就是上帝，但戰國以後，道家思想逐漸贏得知識份子理智與情感上的認同。由於當時儒家學者的形上思考非常薄弱，他們便強烈地受到道家思想的影響。在此關鍵時刻，荀子是儒家最重要的人物，他傾向道家形上學的態度正是典型的例子。這種形上學的進路將道定位爲終極實在，取代

❺《中國人的路》，（臺北：東大圖書公司，民國七十七年）頁一三三—一六七。
❻《詩經今註今譯》，（臺北：臺灣商務印書館，民國六十九年）頁三九七。
❼ Pierre Teilhard de Chardin, *Le phénomène humain* (Paris: Editions du Seuil, 1955) 頁二九九、三三七。

了上帝的地位：道是普遍的法則，並以其陰陽交錯的動力而成為元初的宇宙力量。荀子接受道家的形上學，並結合儒家的行動意志。他曾說：「天地生君子，君子理天地」❽。因此君子的使命便是「參天地」，替天地弄出新的秩序。就此關係而言人被稱為「天地之心」，意指人是宇宙中唯一能思想的力量。人亦被稱為能協助天地並為宇宙帶來秩序的「天地之德」。此種型態的儒家與今天實用科技的思想非常接近，自不待煩言而喻。

但另一型態儒家學者如董仲舒（西元前一七九—一〇四）則並未能完全接受此一觀點，董仲舒的天地是一種自然力量，但同時又是有意向的，甚至天地就是上帝。當然，此上帝並不超越世界，而是與天地合一的。但這內在於世界的上帝卻有意向活動❾。〈禮運篇〉中天地陰陽五行的說法，很可能即來自董仲舒的影響。

其後，宋明理學家更越來越傾向道家的形上思想。張載（一〇二〇—一〇七七）就是很明顯的例子。他的《正蒙》一書稱陰陽會合冲和之氣為「太和」，並對天地之氣與人的關係，作下列描述：「天地之氣雖聚散攻取百塗，然其為理也順而不妄。氣之為物，散入無形，適得吾體，聚為有象，不失吾常。太虛不能無氣，氣不能不聚而為萬物；萬物不能不散而為太虛。循是出入，皆不得已而然也。……聚亦吾體，散亦吾體。知死之不亡者，可與言性也。」他又說：「陰陽之

---

❽ 荀子，《荀子集解》（臺北：世界書局，民國五十年）〈天論〉、〈禮論篇〉。

❾ 董仲舒，《春秋繁露》（臺北：河洛圖書公司，民國六十三年）四十八—五十二篇及六十九篇。

精，互藏其宅，則各得其所安。故日月之形萬古不變。若陰陽之氣，則循環迭至，聚散相盪，升降相求，絪縕相揉，相兼相制，欲一之而不能。此其所以屈伸無方，運行不息，莫或使之。」❿依照張載的說法，人就是藉著陰陽之氣自然而然的「聚散相盪」而與萬物爲一體。

儘管如此，張載卻從人與天地一體的道家形上學推演出儒家的普遍仁心。下面是〈西銘〉的幾句名言：「乾稱父，坤稱母。予茲藐焉，仍混然中處。故天地之塞，吾其體；天地之帥，吾其性。民吾同胞，物我與也。大君者，吾父母宗子，其大臣，宗子之家相也。尊高年，所以長其長，慈孤弱，所以幼吾幼。……凡天下疲癃殘疾惸獨鰥寡皆吾兄弟之顛連而無告者也。」⓫以乾爲父坤爲母的思想來自《易傳》中的〈說卦〉：「乾天也故稱乎父，坤地也故稱乎母。」本來與萬物爲一體的密契意境則源自道家的莊子：「天地與我並生，而萬物與我爲一」（〈齊物論〉第二52）；甚至視陰陽爲父母也源自莊子：「父母於子，東西南北，唯命之從；陰陽於人，不翅於父母。」（〈大宗師〉第六56）。以氣之聚散與萬物一體的構想，尤其來自莊子：「人之生氣之聚也；聚者爲生，散則爲死。若死生爲徒，吾又何患？故萬物一也。是其所美者爲神奇，其所惡者爲臭腐。臭腐化爲神奇，神奇復化爲臭腐。故曰：通天下一氣耳。」⓬《易傳》的這一類思想

❿ 周敦頤、張載，《周張全書》，京都，中文出版社，一九八一，頁八六、九六。

⓫ 同上，頁七三。

⓬ 哈佛燕京社，《莊子引得》，臺北，弘道文化事業公司影印，民國六十三年，〈知北遊〉第二十二：一一—一三。

來自道家，是無可置疑的；準此，以《易傳》思想爲形上學基礎的宋明理學及當代儒學均一開始就受道家影響，自無疑義⑬。

約於同時代的程顥（一〇三二—八五）提出「仁者以天地萬物爲一體」的名言。後代的人往往稱這樣寬曠的心胸爲「一體之仁」；其確切含意可從程顥此語的上下文見之：「醫書言手足痿痺爲不仁，此言最善名狀。仁者以天地萬物爲一體，莫非己也。認得爲己，何所不至？若不有諸己，自不與己相干，如手足不仁，氣已不貫，皆不屬己。故博施濟仁乃聖人之功用。仁至難言，故止曰：己欲立而立人，己欲達而達人。能近取譬，可謂仁之方也已。欲令如是觀仁，可以得仁之體。」⑭程顥的另一段話也異曲同工：「仁者渾然與物同體，義禮知信皆仁也。……天地之用，皆我之用。孟子言萬物皆備於我，須反身而誠，乃爲大樂。若反身未誠，則猶是二物有對，以己合彼，終未有之，又安得樂？」⑮這兩段都說明下列各點：第一，「以天地萬物爲一體」或「與物同體」是仁者的主觀意境；第二，這一意境由「反身而誠」始能得到，它使仁者切身體會到自己與天地間的萬物「相干」且是一體，就如同正常的人體會到手足和自己「相干」，而且與自己同體一般；第三，這一意境以實際的一體關係爲先決條件，就如同我們之所以體會到手足與

⑬ 項退結，《人之哲學》，頁一四八—九，一五九—一六三。
⑭ 朱熹編，《二程全書》，京都，中文出版社，一九七九。卷二一，頁三下，124。
⑮ 同書，卷二一，頁五下，128。

自己同體，是因爲手足實際上是人體的一部份，與人有密切的同體關係。程顥所云「若不有諸己，自不與己相干」一語的含意，就是指人眞正與天地萬物爲一體，這一客觀事實才是「一體之仁」思想的形上學基礎。

然而，人究竟是以何種方式與宇宙間陰陽與乾坤的無比力量合爲一體呢？宇宙間陰陽力量又如何會和「仁」扯上關係呢？與張載相較，程顥的下列答案顯然已有新意：「天地之大德曰生，天地絪縕，萬物化醇，生之謂性。萬物之生意最可觀，此元善之長也。斯所謂仁也，人與天地一物也。而人特自小之何耶？」⑯

這幾句話來自《易傳》。《易傳》中的天地就是乾坤，亦卽宇宙中最大的陽與陰。上文已指出，宇宙間的一切均由天地而來，因此天地陰陽可視爲人的父母，這一切構想均來自《莊子》。《易傳》的新觀點是把創生萬物視爲天地之大德（〈繫〉下1：「天地之大德曰生」），並認爲「元者善之長也」〈乾卦・文言〉。程顥對此句加以如下詮釋：「元」就是萬物生生不已的方向（生意），本身就是仁與善。這也就是說，程顥不再像老子那樣，視天地爲不仁，而認爲天地有生萬物的仁心仁意。下面這幾句更充分表現出這層意思：「生生之謂易，是天下之所謂道也。天只是以生爲道。繼此生理者卽是善也。善便有一箇元底意思。元者善之長也。萬物皆有春意，便

---

⑯ 同書，卷十二，頁四—五，378—379。

是繼之者善也，成之者性也」⓱。人分享此生生不已的「春意」，因此與萬物爲一體。

問題是：所謂「生生之德」與「天地之心」（第二十四卦〈復之象〉）是否指有意識的心意呢？宋明及現代的儒學似乎都不承認這點。對此，道家形上學還是佔了上風。無論如何，對所有接受道家形上學的儒家學者而言，個人仍是氣之聚散的一時現象，最後註定將返回原初的陰陽之道。如上所述，這樣的觀念與人類企望向更高階層統合性提昇自己的傾向並不吻合。

⓱ 同書，卷之二，頁二三下，162。

十三、仁之道德原則之創建及其現代意義

㈠緒　論

自從《新青年雜誌》（民國四年）把現代中國人的生活目標轉至「進取、實利、科學」以來，中國的文化生活一直就蓋上了反傳統的印記。國民政府遷至臺灣以後（民國三十八年），反傳統傾向已趨緩和。在中國大陸，激烈的反傳統運動仍賡續不斷，甚至愈演愈烈，而以文化大革命為頂點，直至毛澤東死去（民國六十五年）才算告一段落。孔子一開始就是反傳統思想的靶子，因為他被視為保守、退隱、崇尚虛禮和落後的象徵。他的「述而不作，信而好古」（《論語・述而》第七1）一語，許多人以為是他泥古不化的鐵證。然而，孔子雖尊重古代，卻也深信「溫故而知新，可以為師矣」（〈為政〉第二11），一方面重視傳統，同時又努力在傳統的基礎

上發展新知。人類的文化本來就來自傳統的不斷累積與創新。準此，孔子本人雖有些偏於古代，卻絕非僵硬的傳統主義者而阻止了中國人的進一步發展。恰恰相反，他早已建立了一套健全的文化風範。即使在今日，這一既不漠視傳統而又努力創新的健全心態仍值得現代人取法。至於儒家之淪爲統治階級的工具，那是漢代的事（請參考第十章），與孔子無關。

本文前一部份將舉出孔子「述而不作」卻又「溫故而知新」的具體實例（〈洪範〉與《論語》的比較），並指出孔子的這一開明態度使他開創了「仁」的道德自律原則。第二部份援用德國當代一位哲人亞伯爾（Karl-Otto Apel, 1920-）的「溝通團體」與「先驗實踐先決條件」理論說明「仁」對現代世界的意義。亞氏以學術研究爲起點，指出以研究問題爲目的之「溝通團體」必須以邏輯及一些「主體際有效的道德標準」爲先決或先驗條件。本文則將進一步顯示，研究學術的「溝通團體」植基於人際團體，其道德標準原就是「仁」（二人性）的道德原則之應用與擴充。

(一)孔子述古與創新的輝煌成就

1.《論語》中的述古與創新

孔子所云「述而不作，信而好古」及「溫故而知新，可以為師矣」這些話，絕非裝裝門面，而是他深刻的生活經驗（這是孔子思想的主要特徵）及身體力行的實踐原則。為了方便，下文將稱前一態度或精神為「述古」，後者則稱為「創新」。本文將舉出實例，用以證明孔子是如何嚴肅地以述古與創新為己任，並不偏於一面。這一部份的目標卻並不止於此。我們將充分說明，孔子是如何述古與創新雙頭並進，而替中華民族與全世界揭示了「仁」的康莊大道。

本文所要舉出的實例取自《書經》與《論語》，也就是把〈洪範〉與《論語》作一比較。〈洪範〉是考據學者所公認的《尚書》篇章；本文僅將對它的撰寫年代稍作一些補充。關於《論語》的可靠性，《漢書．藝文志》（公元第一世紀）記載得清清楚楚，《論語》有《魯二十篇》而《論語古二十一篇》不過是把最後一篇分成二篇而已❶，跟通行的《論語二十篇》實際上並無差異。董仲舒（約前一七九—一〇四）的《春秋繁露》更廣泛徵引《論語》❷。值得注意的是，董氏所引《論語》句子廣及前十篇及後十篇。可見，卽使後十篇之纂輯方針與前十篇不盡相同❸，至少已流傳於公元前二世紀。既然如此，則《漢書．藝文志》的證詞就有相當大的可靠性：「《論語》者，孔子應答弟子時人及弟子相與言而接聞於夫子之語也。當時弟子各有所記；

❶ 班固，《漢書》(二)，臺北市，洪氏出版社，民國六十四年，頁一七一六。
❷ 孫世揚，〈論語考〉，《古史辨》(諸子叢考)(四)，臺北市，明倫出版社，民國五十九年，頁八九至九四。
❸ 陳耀南編著，《典籍英華》（上冊），臺北市，臺灣學生書局，民國七十二年臺二版，頁八八至八九。

夫子既卒，門人相與輯而論纂，故謂之《論語》❹。」無論如何，《論語》係研究孔子思想的最可靠資料，則是無可置疑的。

2. 由五事走向九思

本書第七章已詳述，孔子是如何細細咀嚼〈洪範〉，並由「五事」逐漸形成他自己的「九思」。

孔子的「九思」既由一再重溫古代的「五事」而得以「知新」，那末《書經》的〈洪範篇〉應該早於孔子以前已經完成。究竟可追溯到什麼年代呢？《左傳》中至少有三次引用〈洪範〉，並稱之爲〈商書〉，即襄公三年（前五六九），成公六年（前五八四），文公五年（前六二一）。〈洪範〉在那些時期因此早就爲人所知，因此本來與五德終始這一套無關。

比較值得考慮的倒是《論語》中〈季氏〉（第十六12）的體例與前十篇有些不同（每章首皆稱「孔子」，前十篇均稱爲「子」，僅記其與君大夫問答時稱「孔子」。崔述（一七四〇—一八一六）《洙泗考信錄》認爲〈季氏篇〉中「誠不以富，亦祇以異」下面涉及齊景公與伯夷、叔齊等

❹ 班固《漢書》(二)，頁一七一七。

句為傳鈔者所加，篇末的「邦君之妻，君稱之曰夫人，夫人自稱曰小童……」亦然❺。但這些理由均無涉於「君子有九思」一句的可信性。

3. 仁的道德普遍原則之創建

孔子述古與創新的一貫態度不僅使他由「五事」發展出「九思」，而且使他由「五事」與「三德」提煉出仁的道德自律規範。「五事」所云的「恭」與「從」和三德中的「柔克」，都使孔子想到他那時代已經習用的「仁」。「仁」字至少在孔子出生前一百五十年以前已經通用；《左傳》中應用「仁」字開始於隱公六年（前七一六）。成公五年（前五八五）出現了一句「神福仁而禍淫」，把「仁」與「善」視為同義。孔子把〈洪範〉的「恭」「從」「柔克」等思想和當時所通用的「仁」綜合在一起，經過他一再躬行實踐和反省，遂把「仁」發展成為最基本的德性，強調「志於仁」（〈里仁〉第四4）、「好仁」（〈里仁〉第四6），甚至「殺身成仁」（〈衛靈公〉第十五9），其弟子曾子更提倡「仁以為己任」（〈泰伯〉第八7）。孔子又把這最基本之德視為最接近人的東西：「仁遠乎哉？我欲仁，斯仁至矣」（〈述而〉第七30）；開啟了孟子視仁為人性的先聲。更了不起的是，孔子把「己所不欲，勿施於人」（〈顏淵〉第十二2）

❺ 陳耀南，《典籍英華》（上册），頁八六—八八。

視爲仁的普遍原則。這項道德原則完全基於人的理性和仁心的體認，不訴諸個人的得失賞罰等動機，因此是自律的道德規律。孔子發揚仁的過程再一次說明了他的爲人：他始終自視爲「述而不作」，但他所述的已透過他的長期經驗而有了簇新的內容和生命。

〈洪範〉的「五事」和「三德」與「仁」的內容有關，絕非泛泛之論。要如我們把五事的「恭、從、明、聰、睿」五種特質與孔子所云「仁」的五種特質（「恭、寬、信、敏、惠」，〈陽貨〉第十七5）相比，就會發覺彼此的相關：除「恭」以外，「五事」中「明、聰、睿」的內容均包含在「敏」中；五事中的「從」，孔子在「九思」中釋爲「忠」，與「信」的意義接近；「寬」和「惠」則與「三德」的「柔克」相關。〈子路〉第十三19中，孔子又用下句來說明「仁」是什麼：「居處恭，執事敬，與人忠」。這三句可以說是把「九思」的重點拘劃了出來，同時也和「五事」有關聯。「剛毅木訥近仁」（〈子路〉第十三27），「仁者必有勇」（〈憲問〉第十四4），「仁者不憂」（同篇28）等句甚至還和「三德」的「剛克」有淵源；而「信近於義」（〈學而〉第一13）則又和「三德」的「正直」有關。

孔子對「五事」中的「恭」字似有偏愛。值得注意的是：《尚書》中最古老的〈十二周誥〉中很少出現「禮」字（〈洛誥〉三次，〈君奭〉一次），〈洪範〉中也沒有。孔子對「禮」的思考似乎是從「恭」爲起點：「恭近於禮」（〈學而〉第一13）。由於他心目中的「恭」是誠於中形於外的，因此發而爲「禮」也都中節中矩（「克己復禮爲仁」，〈顏淵〉第十二1）。的確，孔子最不喜歡沒有內容的虛禮：「人而不仁，如禮何？」（〈八佾〉第五3）。孔子在〈泰伯〉第八（2）中甚至譴責過份而無實質的「恭」：「恭而無禮則勞」。孔子從「恭」想到「禮」，又把本質是中庸的「禮」作爲「恭」的準則。「恭」既與「仁」有關，「禮」又何獨不然？我們可以說，「仁」有其最低限度與最高內容：最低限度是「己所不欲勿施於人」「巧言令色，鮮矣仁」等否定句所代表的仁德，最高內容則已與「聖」接壤（〈雍也〉第六30；〈述而〉第七34），包括了恭、寬、信、敏、惠、勇等等德性。把「仁」分成最低限度與最高內容，我想也許可以解決陳大齊先生所提出的一個問題。如所週知，陳先生曾把仁德視爲眾德所合構而成的總體，這是他的第一個假設。他的第二個假設是，「仁」可以分成廣狹二義：廣義的「仁」包括恭、敬、忠、恕、智、勇等各種德性；狹義的「仁」則不包括別的德性，而與諸德並列❻。陳先生的這兩個假設似乎都有些困難：如果說「仁」是總體，則《論語》中的仁又與諸德分界；如果說廣義的「仁」是類名，而其它諸德是種名，似乎也很難區別，究竟《論語》中什麼地方的「仁」是類名，什麼地方又是種名。

㈢仁之道德原則在當代哲學中的應用

緒論中已曾提及，這部份將援用當代德國哲人亞伯爾的「溝通團體」及「先驗實踐」理論來說明仁的道德原則在當代哲學思想中的應用。要說明這點，必須先說明「先驗實踐」理論的原委；以後再指出「先驗實踐」之所以在專以研究爲事的「溝通團體」中用得到，是因爲仁的道德原則可以普遍應用於整個人類的團體中；這也就是說，孔子以仁爲準則的道德規範是亞伯爾「溝通團體」理論的基礎。

1. 溝通團體與道德基礎

當代哲學界比較熟諳哈柏瑪斯（Jürgen Habermas, 1929-）的「溝通道德」理論。這項理論認爲，我人如果要達到一項眞理，必須訴諸以推理爲主的討論，這樣的討論終將導向理性的共識；而要使這樣的理性討論成爲可能，溝通的道德規範（Communicative Ethics）實爲其先決條件❼。哈柏瑪斯從語言行爲（Speech Act）做出發點，稱此項溝通的道德規範爲「普遍實踐」（Universal Pragmatics），亦卽「語言的有效性基礎」。他認爲一個人如果要和別人溝通，他的語言行爲必須具有下列四個條件：

❻ 陳大齊，《孔子學說論集》，臺北市，正中書局，民國四十六年臺初版，頁四一—四五。

❼ Thomas McCarthy, *The Critical Theory of Jürgen Habermas*, Cambridge, Mass.: The Massachusetts Institute of Technology Press, 1979, pp. 325-6.

(1)說出的話可以理解：他必須選擇可理解的表達方式。

(2)讓聽者有所理解：他必須把眞的命題告知對方。

(3)使自己成爲可理解：他必須誠實地把自己的意向表達出來，足以使對方相信他的意向。

(4)與另一人進入理解情況：他必須選擇合適的話，並使言者與聽者根據公認的規範性背景而彼此獲得共識❽。

儘管哈柏瑪斯對亞伯爾所云的「先驗實踐」有所批評，他關於溝通先決條件所持之基本觀點卻來自亞伯爾，而且與後者的看法大同小異❾。

亞伯爾對「溝通團體」之道德基礎說得非常透徹。至少對這一問題，他遠比哈柏瑪斯的「普遍實踐」來得高明。下面就是他這項思想的簡介。爲了行文上的簡潔，一直到介紹完畢爲止，不再提及這些是亞伯爾的見解。

現代的自然與人文科學往往以價值中立相標榜，以爲科學僅以客觀的定律爲事，無須顧及價值，尤其不必顧及道德價值。即使討論道德時，道德規範的認定也往往被認爲取決於價值中立的後設道德理論。然而，價值中立的科學或後設道德理論之客觀性卻預設了道德規範的主體際有效

---

❽ Jürgen Habermas, *Communication and the Evolution of Society* (translated and with an Introduction by Th. McCarthy), Boston: Beacon Press, 1979, pp. 2-3.

❾ *Opus citatum*, pp. 1-2, 22-23.

性。不僅如此，任何科學問題的討論，甚至任何問題的理性論爭均預設了普遍的道德規範之有效性⑩。

是的，邏輯思考本身並不蘊含道德。但要證驗某些論證之是否具邏輯有效性，我們就需要一個學者的討論團體，足以作主體際的溝通並達致共識。一個透過理性論證來證驗邏輯有效性的溝通團體，卻必然以基本的道德規範爲先決條件。例如說謊就使對話成爲不可能；拒絕以批判方式去理解論證，或者拒絕對論證予以說明或證明，也都會使對話成爲不可能。簡言之，理性論爭的團體之最低限度預設是，團體的全部成員彼此互相承認每一參預者在討論時都有相等權利，亦卽承認所有的人都是邏輯論證的主體。這樣，「邏輯的道德」與「研究的道德」提供了使邏輯推理及科學成爲可能的先驗而實踐性的先決條件（Transcendental Pragmatic Preconditions），亦卽「溝通團體」的先起因素。總之，對眞理的追求與理性討論的不設限團體，是以一種道德規範爲其前提⑪，否則溝通團體就無法成立。

不獨此也，任何參預理性論爭的人不僅承認自己有責任證明所有的科學命題，而且有責任考慮溝通團體成員之任何合理要求。人類的所有需要既然都可能作主體際溝通的題材，因此都可能

⑩ Karl-Otto Apel, *Towards a Transformation of Philosophy* (Translated by Glyn Adey and David Frisby), London: Routledge & Kegan Paul, 1980, pp. 246, 256, 258.

⑪ *Op. cit.* pp. 259, 262, 267.

作爲理性溝通的要求提出，這樣都有其道德意義。如果那些需要能夠透過理性論證而獲得主體際的證明，它們就必須被認可。一個人準備把自己的個人需要透過主體際的理性論證加以證明，也就會準備在理性討論以後必要時犧牲一己的利益。溝通團體與理性討論的道德原則，要求人類的所有需要均透過理性討論而與其他所有人的需要獲得協調⑫。

以上就是亞伯爾所云「溝通團體」的「先驗實踐條件」。一如亞氏所云，這是現代哲學把一、眞、善三者結合爲一的嘗試⑬。西洋傳統形上學早就肯定一切存有者均集一、眞、善於一身。現代科學與部份哲學否認了這點。亞伯爾則堅持追求眞理以道德規範爲先決條件，可以說眞以善爲其基礎，揭示了人類追求眞理過程中的一項重要事實。一如孟子所云，本來「是非之心人皆有之」。但是實際上何以許多人並不如此呢？道德的缺失卽其最大原因。

2. 仁的普遍原則與溝通道德

亞伯爾所云知識的追究以道德規範爲基礎，這一理論的顯題化雖是新的，卻是人類的古老經驗。《荀子・解蔽篇》對之有極深刻的見地：「凡人之患，蔽於一曲，而闇於大理」；「欲爲蔽，

⑫ *Op. cit.* pp. 277-8.

⑬ *Op. cit.* p. 262.

惡爲蔽，始爲蔽，終爲蔽，遠爲蔽，近爲蔽，博爲蔽，淺爲蔽，古爲蔽，今爲蔽。凡萬物異則莫不相爲蔽，此心術之公患也。」那麼，怎樣才能去除蔽塞呢？荀子要人「無欲無惡，無近無遠，無博無淺，無古無今，兼陳萬物而中縣衡焉。……何謂衡？曰：道。」接著他又說：「心何以知道？曰心。心何以知？曰虛壹而靜。」荀子是中國哲人中比較強調知識的一位。但他卻認爲培養心知的第一要務是虛是靜，是無欲無惡，這些都屬於道德範疇。

也許有人要說，荀子所云的「蔽於一曲，而闇於大理」，僅指與政治人生有關的知識。但這也未必盡然，因爲荀子主張「言必當理，事必當務。……凡事行有益於理者立之，無益於理者廢之，夫是之謂中事；凡知說有益於理者爲之，無益於理者舍之，夫是之謂中說。事行失中，謂之姦事，知說失中，謂之姦道。」（〈儒效〉第八31—33）這段話表示荀子主張無論「事行」與「知說」均以理爲準則：前者指與政治人生有關的實踐，後者則指理論知識。

然而我們也不能否認，即使是荀子所云的「言」與「知說」也是偏於實踐的知識，這是中國文化思想的一貫傾向，和希臘人及繼承希臘思想的西方推重純粹理論知識的基本態度不同。因此，我們對中西哲學思想往往作下列區分：中國哲學思想偏重道德實踐，西方哲學比較偏重純理論知識。然而我們往往欠考慮到，道德實踐亦必須以理性爲基礎，最後不能不訴諸足以懸爲「衡」（客觀標準）的道，因此不能忽視知識的眞：而所謂的純理論知識最後仍以求眞時不可或省的道德規範爲其先決條件，因此也不能忽視道德的善。換言之，道德的善與知識的眞二者難拆難分。

我國的陸王學派過於強調道德善的實踐而忽視知識的眞，與西方科學主義過度強調知識而不顧及善的價值，都是「蔽於一曲」。

亞伯爾基本上是以知識的追求爲其思想的出發點，但他終於把握到一件事實，那就是知識的追求有賴於主體際的溝通與共識，而後者以道德規範爲先決條件。他在討論眞理的最後基礎時說得最清楚。一如亞里斯多德所云，眞理的最後邏輯基礎是自明的，不可能再證明。於是有人把自明性與獨斷性混爲一談。亞伯爾則作了兩個不同層次的區分：從邏輯推理的層次而言，眞理的最後基礎是自明的，不能再證明，否則將產生無限回溯的困境。然而，反省到邏輯推論的主體這一層次，我人仍可確立主體際邏輯推論之所以成爲可能的先決條件——溝通的道德基礎⓮。這實在是一項很可喜的成就。哈柏瑪斯雖對亞氏的理論有所修改，卻仍承認語言行爲之得以使言者與聽者進入溝通關係，其條件之一是言者的誠意⓯。即此一端已足以證明，哈柏瑪斯也承認道德因素是溝通的先決條件。的確，溝通團體之得以成立，並能自始至終訴諸理性，有賴於每一成員都透過道德抉擇拒絕說謊，拒絕違反理性，承認每一成員都是邏輯論證的主體，都有訴諸理性的對等權利。到此，亞伯爾的推論完全準確；然而當我人承認別人爲具對等權利的邏輯論證的主體時，首先我們已承認別人爲聲氣相通的人，並承認唯有人能成爲溝通團體的成員。而當我以理性態度

⓮ *Op. cit.* pp. 263-267.

⓯ Jürgen Habermas, *Communication etc.*, p. 59.

衡量自己與別人的需要時，我更不期然而然地採取了孔子的道德原則：「夫仁者，己欲立而立人，己欲達而達人」（〈雍也〉第六30）；「己所不欲，勿施於人」（〈顏淵〉第十二2）。其實，無論是尊重別人爲邏輯論證的主體或考慮到別人的合理需要時，我都是在尊重別人的人性。簡言之，理性溝通關係是人際關係的一部份，而溝通道德是仁的普遍道德規範的一部份。因此，當科學或學術工作者嚴肅地從事理性討論而進入溝通團體時，他們不自覺地都已對理性溝通作了存在抉擇，也就是作了仁的存在抉擇⑯。仁的存在抉擇不僅涉及語言溝通，而且也涉及行動。說明這點才不致於受到亞伯爾所受的指責，那就是他所云的溝通道德祇與語言有關，無法成爲行動的道德規範⑰。無條件選擇溝通與仁的道德規範，卽研究學術的溝通團體得以順利進行理性討論的最大保證；也就是道德的善是知識之眞的保證。反之，欺騙、耍手段或固執己非也使學術與理性的討論無法進行，而讓乖謬與錯誤大行其道。這時，邏輯思考並非被取消，而是有意或無意地遭到歪曲。

孔子一貫尊重別人的人性，可於他服膺的「有教無類」實踐原則見之。普遍的仁與這一教育原則已足以發展爲人際的普遍對等關係而成爲民主思想的哲學基礎。事實上漢代的儒學雖成爲帝

---

⑯ 項退結，《邁向未來的哲學思考》，臺北市，現代學苑月刊社，民國六十一年，頁三〇三—三〇四。

⑰ Dieter Wandschneider, *Ethik zwischen Genetik und Metaphysik*, Universitas 38 (1983), S. 1143.

王的工具，但孔子思想本身卻蘊有向另一方向發展的潛力。

孔子也很重視知，對知識持非常嚴肅與眞誠的態度。因此他說：「知之爲知之，不知爲不知，是知也」（〈爲政〉第二17），這是對擺出盡知一切模樣的僞知者的當頭棒喝，他也承認自己「非生而知之者」，因此需要「好古敏以求之」（〈述而〉第七20）。這就是承認需要和古人溝通。當然，他更不斷地跟同時代的人溝通、學習：「吾嘗終日不食，終夜不寢，以思，無益，不如學也」（〈衛靈公〉第十五31）。他所云的「學」就是向別人討教。正因此，所以他才稱讚孔文子「敏而好學，不恥下問」（〈公冶長〉第五15），又說：「三人行，必有我師焉」（〈述而〉第七22）。他之所以對求知採如此嚴肅的態度，是因爲他深信「知者利仁」（〈里仁〉第四2）。我很慶幸能夠指出金牌的另一面，那就是孔子的仁之普遍道德原則不僅顯示出仁者能利知，而且仁還是求知團體的必要條件。

十四、基於孟荀人性論之實際可行的道德觀

(一)導論：道德的主客二要件

在二個完全不同的機緣下，我曾寫過涉及儒家人性論的二篇文章；它們正好以道德的主客二要件爲內容：〈心術與心主之間——儒家道德哲學的心理層面〉討論了道德的主體因素——四端之心及心知心意❶；〈孟荀人性論之形上學背景〉則涉及善與惡的客體標準❷。本文將綜合上述二文的研究成果。

❶ 項退結，《中國人的路》，臺北：東大圖書公司，民國七十七年，頁五三—八四。

❷ 臺大哲學系中國哲學之人性論研討會，民國七十七年五月。《中國人性論》，臺北，東大圖書公司，民國七十九年，頁五九—七三。

我一向非常相信教學相長。恰在計畫撰寫此文前二天，在上「先秦儒家哲學」的二節課之間，突然啟悟到孟荀二子性善性惡之說各有所見，亦各有所蔽。十七世紀的物理學家、數學家兼哲學家巴斯噶(Blaise Pascal, 1623-62)說得好：「一個人要指出別人的破綻，應該說明那人觀察事情的角度，因爲從這角度看去，一般說來，他的看法是對的；應該承認這一角度的眞理，而指出它從另一角度來看是錯誤的。」❸孟荀二子之所以有不同的人性論，正是由於觀察的角度不同；它們卻並非彼此矛盾，而可以融合成更完整更切合事實的見地，藉以成爲我人今日亟需而切實可行的道德哲學。

何以道德行爲必然有主客二要件，這從道德行爲本身顯而易見。人的一部分行動屬於生理現象，完全不受控制；另一部分行動是屬於潛意識的心理現象，亦非人所能完全控制。唯有經過考慮而自願的行動才是人自主的行動。道德行爲顯然屬於人的自主行動，否則就如幼兒及心神喪失者的行動，根本無所謂道德或不道德。人的思考與自由抉擇能力因此是道德行爲的主體要件；這決定性的要件一經受影響，道德行爲也受影響。然而，人的思考與自由抉擇能力僅係必要原因，尙需客體的對象始構成道德行爲的充足原因。道德行爲的客體對象是善與惡。理由非常簡單：經思考與自由抉擇的行爲對象可能不在道德抉擇的範圍以內，例如我可以選擇爬山或游泳而不涉及道德抉擇。反之，在接受或拒收紅包之間就有道德與不道德行爲之間的抉擇。

❸ Blaise Pascal, *Pensées*, Paris: Editions Garnier, 1951, n. 9, p. 76.

從道德的主客二要件來看，我們很容易會發覺：片面祇講道德的主體性或客體性，對道德行爲這一複雜現象均未能窺其全豹。馬克司・韋伯所云的心意倫理（Gesinnungsethik），以爲祇要道德主體的意念純潔，就可以不顧是否會產生惡劣後果，以爲自己的心意既無瑕可擊，就不必替惡劣的後果負責。無數宗教與政治狂熱者與恐怖主義者均因盲目相信心意倫理有以致之。所謂情景或情況倫理（Situationsethik）也和心意倫理非常接近：這一理論認爲道德規律在特殊情景中就失去約束力（例如有人認爲國會組織未合理時，損壞公物、公開侮辱國家元首、傷害無辜老百姓等惡行均因抗爭而不違反道德）。由於何種情景足以使本身爲惡劣的行徑成爲「善行」的認定者始終是道德主體自身，所以情景倫理與心意倫理相當接近，都是過分強調道德主體要件而忽視客體要件。

道德的客體要件是行爲對象符合客體的是非標準；這一標準當然也包括行爲的後果及牽涉到的一切。例如打鬪、翻桌子的行動絕不因主體心意而成爲合乎道德標準，而必須考慮到是否妨害全民及在場者的神聖權利，尤其必須考慮到餐會及議會上的暴力行動會對新生一代引起多麼嚴重的教育危機。從這一觀點而言，上文所云的心意倫理顯然太片面，必須藉所謂責任倫理（Verantwortungsethik）來補充❹。然而如果一味強調客體標準而完全忽視主體要件，就會把人視爲機

❹ 韋伯（Max Weber）著，錢永祥編譯，《學術與政治—韋伯選集》I，臺北：允晨文化公司，民國七十四年，頁二一〇—一一。此書把 Gesinnungsethik 譯爲「心志倫理」；本文改爲「心意倫理」。

器中的零件。馬克思主義者就是前車之鑒。

略述道德的主客二要件以後，現在可以重新回到人性論的題旨了。儒家思想中，對人性論最具創意而影響深遠的思想家是孟子與荀子。其後董仲舒、王充、揚雄、韓愈、李翱、二程、朱熹等均言及人性的善惡❺，但最後仍須歸結於孟荀二子。不僅如此，自董仲舒以來諸子對人性的討論，均未若孟荀那樣徹底。但這並不是說，孟荀二子的人性論已登峰造極。恰恰相反，他們二人的看法均有缺失；然而我人仍能繼承他們所作的努力來作進一步的思考。這也正是本文所要作的，藉以替迷惘中的今日中國人道德觀提供一個腳踏實地的思想架構，既能繼承前人的智慧，又能推陳出新，邁向下一世紀。

㈡孟荀人性論的道德主體要件

這裏我們所要解決的問題是：既然非自主的「人的行爲」（Actus hominis）不足以成爲道德主體，而祇有自主的「屬人行爲」（Actus humanus）才構成道德主體，那麼孟荀二子對後者見地是否替道德主體提供了合乎實際的描述呢？

❺ 羅光，《中國哲學大綱》，香港：香港眞理學會，一九五二年，上册，頁五七－七〇。

足以告慰的是，孟荀二子對此均有非常傑出的見地，遠比歷代儒者說得更透澈。對此我人僅須分析孟荀對「心」一字的用法卽可，因爲這是與道德抉擇主體有關的而爲他們二人所常用的一個字。孟子應用「心」字不下二百次，荀子也用了一百五十次；但孟子沒有用「心」字表示過血肉的心，荀子也只有二次以「心」字指血肉之心。他們二人都用「心」字廣泛地表達各種主觀經驗或心理過程，如感情、注意力、認知及心理傾向。一如上文所言，祇有自主行爲的主體才是道德行爲的主體。那末孟荀二子所云的「心」是否指自主行爲的主體呢？

要答覆這個問題，我們不妨從荀子開始，因爲他在這點遠較孟子更清楚，描述也非常獨到。首先，荀子主張心有認知思慮的功能，又有選擇取捨的功能（〈正名篇〉22：4；〈解蔽篇〉21：32〉）[6]。他又視心爲「形之君」、「神明之主」，「出令而無所受令」，能够「自禁也，自使也，自奪也，自取也，自行也，自止也」（〈解蔽篇〉21：44－46）；唯有「心爲之擇」、「能爲之動」的行爲才算是人的作爲（〈正名篇〉22：4稱之爲「僞」）。

荀子思想中所最突出的性惡論往往被人誤解。所謂「性惡」絕不是說人只能行惡，沒有行善的可能。「塗之人可以爲禹」、「小人可以爲君子」等語都表示人人都能行善（〈性惡篇〉23：60－61，70）。「性惡」不過是指人有好利、貪慾等傾向，促使人爲惡。荀子認爲惡的傾向與慾

---

[6] 哈佛燕京學社，《荀子引得》，臺北：成文出版社影印，一九六六年。本文引用時先引篇名，後引該篇號碼，最後寫出該篇第幾行。

望是無可避免的，因此老子、孟子勸人「寡欲」都不切實際。只要「心之所可中理」，「則欲雖多，奚傷於治」（〈正名篇〉22：55—56，60—61）。這也就是說：荀子非常強調心的思慮及抉擇功能。只要心所確認爲應該的合乎正理（「心之所可中理」或「知道然後可道」。（〈正名篇〉22：61—62〉，〈解蔽篇〉21：32），同一個心就會作正確的決定（「心使之也」），不致讓人陷於惡行。因此荀子認爲心的思慮與抉擇才是道德行爲的主體：祇要心知與心意能控制全局，慾火中燒無傷大雅。

荀子之強調心知心意的功能，的確遠勝於中國任何其他哲人。後人朱熹所云「心爲神明之舍」，或「心主宰之謂也」❼，不過祖述荀子而已。

孟子也主張人能够作舍生取義的抉擇，能在善惡之間「於己取之而已矣」（〈告子〉上：10，14）。孟子更肯定「心」的思考能力：「心之官則思，思則得之，不思則不得也」（〈告子〉上：15）。上下文脈絡表示，孟子肯定人惟獨透過思考才能成大人不致於淪爲小人，因此思考是道德行爲的主力。不寧唯是，他還主張人必須盡心、存心、養心、操心而不可放心、舍心、失心；不幸失心時，要努力「求其放心」（〈告子〉上：8，11；〈盡心〉上：1，18；〈盡心〉下：35）。然而，究竟可用何種心理官能來操心、盡心、存心、養心，並在善惡行爲之間作抉擇

---

❼ 朱熹，《朱子語類》，京都：中文出版社縮印，一九七九，上册，頁一四五—一五二。

呢？孟子對此就未曾作更多的發揮。

㈢善惡之性與善惡行爲

上文已說過，唯獨構成自主行爲的慮與抉擇能力才是道德主體要件。孟荀人性論中的善惡之性卻又與道德行爲關係密切。往往有人以爲孟子主張人性已善，根本不必再努力，也有人以爲荀子的性惡論主張人性已惡，無藥可救。這些混淆不清的想法，可用亞里斯多德的潛能與實現二概念加以澄清：性善與性惡對善惡行爲而言衹是潛能，並非已實現的善惡行爲。

孟子對「心」字有一個特殊用法，即指與生俱來的「四端」，亦即導向道德行爲的四種高貴傾向：惻隱之心仁之端，羞惡之心義之端，辭讓之心禮之端，是非之心智之端（〈公孫丑〉上：6；〈告子上〉：6）。然而四善端雖屬於天性，卻也不過指人有行善的能力及傾向而言，正如荀子所云的性惡亦僅指人生來有行惡的能力及傾向；二者均僅指一種潛能而已。孟子相信人有四端之性，也就是人有仁、義、禮、智的天生傾向（大體）與潛能；但並未否認人也有口之於味、目之於色、耳之於聲、鼻之於臭、四肢之於安佚的天生傾向（小體），更沒有否認人有成爲小人的潛能。荀子的性惡論則認爲人性中僅有導人於惡的傾向（孟子心目中的「小體」），而否認人有善的傾向（孟子所云的「大體」）。但他仍承認人有透過心的慮和擇而有爲善的潛能；這項善之潛能既非來自本性，所以荀子認爲它出自人爲（僞）。善之潛能卻不等於善的傾向，所以「人性向善」一語決非荀子之意；充其量，他只會同意「人能爲善」一語。

孟子的性善論既僅肯定了人有善之潛能，並未肯定人天生就有了善之實現，所以董仲舒的話就有些無的放矢：「故性比於禾，善比於米；米出禾中，而禾未可全爲米也，善出性中，而性未可全爲善也。」❽實則，禾與米的比喻就在於指禾中僅有米的潛能，而人性中亦僅有善之潛能；但這正是孟子的原意。

本著同一理由，荀子批評孟子「去聖王，息禮義」（〈性惡篇〉23：38，46），實係基於四個名詞的謬誤論證。孟子從未肯定人性已實現了「正理平治」，「性善」是指人有善的天生能力及傾向。荀子則作了不邏輯的推理：首先把「性善」釋義爲「已善」（「固正理平治」），以後肯定孟子用不到聖王與禮義。用三段論式來表示，荀子的謬誤非常明顯：

如果人之性固正理平治（「固正理平治」指已實現的善，這是第一個中詞），則用不到聖人和禮義（若人性的善已經實現，則用不到聖人和變化）。

孟子以爲人有善端（「善端」指尚未實現的善之傾向及潛能，這是第二個中詞；意思是：人性有尚未實現之潛能的善）。

---

❽ 董仲舒，《春秋繁露》，臺北：河洛圖書出版社，民國六十三年。深察名號第三十五，頁二〇八—二一一；實性第三十六，頁二一八。

故孟子以爲人用不到聖人和禮義，意指孟子以爲人不需要教育。然而荀子的論證卻是一種謬誤，實則孟子也相信四善端需要培養。

為了一目了然，讓我們把孟荀二子對性善惡的傾向（與可能性）及實際的善惡行爲之間的關係，列爲下面二表：

㈠孟子的人性與實際善惡行爲的關係：

a、潛能程序中的人性包含：

1.大體——能使人成爲大人的「本心」及善性：仁、義、禮、智的傾向（善之潛能）

2.小體——口之於味，目之於色，耳之於聲，鼻之於臭，四肢之於安佚的天生傾向；如以小害大，會使人成爲小人（惡之潛能）

b、實現程序中，「於己取之」以後的屬人行爲可能是：

1.因思而得，順從大體，使人實際上成爲大人（善之實現）

2.因不思蔽於物，以小害大，使人成爲小人（惡之實現）

㈡荀子的人性與實際善惡行爲的關係

a、潛能程序中：

1.人性有惡劣傾向：好利→爭奪

疾惡→殘賊

耳目之欲↓淫亂

2. 人有作惡的傾向及潛能，卻也有爲善的潛能（而無爲善傾向，故不可曰「人性向善」）

b、實現程序中，經過心的考慮與抉擇的屬人行爲可能是：

1. 無師法之化及禮義之道，從人之性而作惡（惡之實現）

2. 有師法之化及禮義之道，且因心知道可道（僞）而爲善（善之實現）

㈣孟荀人性論的道德客體準則

讓我們扣緊問題的重點。孟荀二子除對道德的主體結構（與生俱來的善惡之性及自主的心知與心意）有極清楚切實的見解以外，對道德行爲的善惡是否也能夠提供客體準則呢？

爲了行文與說理的方便，這裏先從荀子說起，因爲他對善、惡二概念剖析得非常簡單具體，幾乎可滿足現代行爲主義者運作化（Operationalization）的要求。他對善與惡的定義或描述如下：「凡古今天下之所謂善者，正理平治也；所謂惡者，偏險悖亂也，是善惡之分也已。」（〈性惡篇〉23：37）與其說這是定義，倒不如說它是對善與惡的描述：因爲所謂「正理平治」與「偏險悖亂」，都是善惡行爲對社會所發生的後果，而這些後果都能運作化。按照荀子的說法，使社會發生亂象的行爲來自性、情、欲的衝動以及「心之所可失理」而不去節制性、情、欲的衝動

(〈正名篇〉22：60—65)。情欲本身對荀子來說並無所謂善惡，因爲荀子公然承認禮義之分的目標在於「養人之欲」(〈禮論篇〉19：2)。僅於性、情、欲挑動的行爲引發社會亂象時，這才是荀子心目中的惡行。反過來，人的行爲因「心之所可中理」而引發出「正理平治」的社會現象，亦即荀子心目中的善行。總之，對荀子來說，社會治與亂的後果才是行爲善惡的主要準則。

反之，孟子對善惡行爲準則的看法，就不像荀子那麼簡單。首先，他認爲構成大體的仁、義、禮、智四端屬於人的「本心」或本性(〈告子〉上：10)，又是「心之所同然者」(〈告子〉上：7)。因此實現擴充四端卽自我實現眞諦。人之體會到仁、義、禮、智爲應然是因爲這些行爲本身屬於人性，沒有它們就不算是眞正的人(〈公孫丑〉上：6)。這也就是說，人之應實行四端無須其他動機；從這一觀點來看，仁、義、禮、智的道德準則是自律的。一個人僅須反身而誠，就會體驗到應然的善是天性，而且覺察到這是他的本性。

這本身自律的道德準則，在孟子思想中卻並非自本自根，而是上天所賜。〈告子〉上第六節肯定了仁、義、禮、智非由外鑠我，不久就引用《詩經．大雅．烝民篇》：「天生烝民，有物有則」；充分表示出他相信四端的善性由上天所賜。這也非常符合《中庸》第一句「天命之謂性」的意思。孟子心目中的天決非《荀子．天論篇》中的自然規律，而是能允許或拒絕人要求的上帝(〈萬章〉上：5)。這也就是說，仁、義、禮、智的普遍道德規範雖係自律，但這自律道德的最高源頭卻是天或上帝。正因如此，所以孟子稱「仁義忠信，樂善不倦」爲「天爵」，與公卿大夫的「人爵」迥然不同（〈告子〉上：16）。

仁、義、禮、智四端既係人性本有而自律的應然規範，同時又是「天爵」「天命」，因此實現仁、義、禮、智的行爲本身是善，不必從社會的治與亂去找善惡標準。而過分發展比較低賤的小體而妨害高貴的大體，就導致「不善」（〈告子〉上：14），亦卽奧古斯丁所云的「善之匱乏」——惡。

這裏我很高興指出，首先把孟子所云「以小害大」「以賤害貴」（〈告子〉上：14）和奧古斯丁的「善之匱乏」觀念相比，是王靈康與李永適二人在上「先秦儒家哲學」一課時提出；目下他們都在美國繼續攻讀哲學。仔細考量以後，我完全接受他們的觀點：奧古斯丁主張一切存在事物均係上帝創造，因此都是善的❾；人的自由意志本身也是善的；自由意志爲了愛戀變幻不可靠之物而摒棄永恒之物，這時自由意志就缺乏了永恒律所制定的應有秩序；應有秩序的缺乏就是一種匱乏。道德行爲有了這樣的匱乏就構成道德上的惡❿。奧古斯丁這一理論是否能立足，讀者可參

---

❾ S. Aurelii Augustini, *Confessionum libri* XIII, Torino: Socità editrice internazionale, 1949. Lib. III, Cap. 12, pp. 242-3.

❿ S. A. Augustini, *De libero arbitrio*, Paris: Deslée de Brouwer, 1976, Lib. II. 53-54, pp. 374-6.

本書第四章。這裏我祇願指出，孟子所云的「以小害大」「以賤害貴」，的確與奧古斯丁所云爲變幻之物背棄永恒之物的說法如出一轍。因爲「以小害大」就是讓小體片面發展，在酒色財氣的影響之下，仁義之心的大體喪失殆盡，這時人就成爲「小人」：就如牛山的美木均爲斧斤及牛羊侵蝕，終至童山濯濯一般（〈告子〉上：8，14－15）

㈤綜合孟荀人性論的道德觀

本文導論中已表示，孟荀二子的人性論各有所見亦各有所蔽，卻可以融合成爲更完整的道德哲學。

本文第二與第三節已略述孟荀二子人性論中道德觀的主體與客體要件，這裏試加以融合。就主體要件而言，荀子對心知與心意領導功能的剖析實勝於孟子：「心知道然後可道，可道然後能守道以禁非道」。「知道」限於認知，「可道」已是贊許、認可、認同，「守道」、「禁非道」則涉及行動。但在「認可」與採取行動之間，尙需要決定而發佈命令（〈解蔽篇〉21：32－33，44－46）。心的這些功能，荀子都說得非常清楚；相比之下，上述朱熹的話實在了無新義。孟子則基本上也指出心的思考功能以及心在道德行爲中的樞紐地位（「思則得之，不思則不得也」），並且也指出人在善與不善之間能「於己取之」（〈告子〉上：6，14），但究竟沒有荀子說得那末透澈。無論如何，道德行爲必須經過心的認知、思考及抉擇，這可說是孟荀二子的共識。與西洋哲學相比，這一觀點並未超越亞里斯多德⓫。中古時代對「人的行爲」與「屬人行爲」的區分⓬，雖不算是新的見地，在概念的澄淸上卻也不無貢獻。

另一方面，孟子揭示出人性中有大體與小體之性，這是非常切實際的說法。事實上，卽使是無惡不作的殺人凶犯，也並非絕對無仁無義；尤其是在執行死刑以前，他們更會痛哭流涕，鄭重告誡自己的子女。人除了感覺的「小體」傾向以外，顯然也有「大體」的高貴傾向，而構成大體的四端正是人的本質。荀子則囿於成見，認爲人祇有感性傾向而無捨己爲人等高貴傾向，這是不符合事實的。

孟子的更大成就卻在於從大體與小體的互相比較而發覺到道德客體準則：首先，大體才是人的眞性，因此，「以小害大」就形成大體的「匱乏」而構成惡。第二，大體四端係上天所賜，因此還有天命的成份。這也就是說：人的本質眞性來自天命，所以實現這屬於人本質的四端，會使

⓫ Aristotle, *The Nicomachean Ethics*, Greek Text with an English Translation by H. Rackham, London: W. Heinemann, 1968, Book III, 1-4, pp. 116-141.

⓬ S. Thomae Aquinatis, *Summa Theologiae*, Ia-II ae, Q. 1, a. 1. c. Taurini: Marietti, 1940, Tomus 2. p. 2.

人發覺自己的天性，進而體會到四端的最高源頭——上天。因此孟子說：「盡其心者，知其性也；知其性則知天矣。」不寧惟是，孟子還認爲「存其心，養其性，所以事天也。」（〈盡心〉上：1）人之眞實的自我實現就是一種宗教行爲；道德行爲本身即是宗教行爲。第三，道德行爲也是人性尊嚴的基礎：每個人既都有實現四端的無上使命，別人（包括社會與國家）也就有讓他自由實現四端的義務。這是孟子肯定「仁義忠信，樂善不倦，此天爵也」及「人人有貴於己者」（〈告子〉上：16—17）的深意。

返觀荀子，他用對社會所發生的後果來決定行爲的善惡，一方面對所謂「心意倫理」及過份草率運用的「處境倫理」予以當頭一棒，同時也替社會大眾提供了最切身最容易瞭解的道德最低標準。這裏卻也必須補充：荀子除去用對社會所發生的後果判別善惡行爲以外，還用客觀的道作爲天秤去衡量（〈解蔽篇〉21：29—30）。荀子心目中的道，除老子、莊子等偏於一隅之道以外，還包括人際關係的周延之道（〈解蔽篇〉21：22—27）。凡此一切，孟子也都會接受，因爲他也一再言「聖人之道」（〈滕文公〉下：4）、「堯舜之道」（〈離婁〉上：1）、「志於道」（〈盡心〉上：24）。但在這一切以外，上面所勾劃出的三點卻是孟子講得非常精闢獨到而爲荀子所忽視。

簡單說一句，大體上我們可以把荀子關於道德主體要件的卓見和孟子涉及道德客體要件的主張兩相配合。這以外，孟子性善說的精華也可以和性惡說所指的一項特定事實互相融合。上文已指出，孟子性善說未否定小體之性的事實，他不過肯定構成大體的四善端屬於人的本質；荀子性惡說也不曾否定人人有成聖成賢的可能，他不過肯定，人的本性並非向善，而是向惡的。本文基本上同意孟子的性善說，並反對荀子片面的性惡論，因爲人性中除惡劣傾向以外，顯然也有善良傾向。本文作者卻不能同意孟子這些話：「人性之善也猶水之就下也。人無有不善，水無有不下。」（〈告子〉上：2）孟子這些話大約是指人性中的四端無有不善。但他並未反對「食色性也」一語（〈告子〉上：4），而且肯定口、目、耳、鼻、四肢的傾向均屬於人性（〈盡心〉下：24）。他也知道小體之性會傷害大體之性。他也應該知道，世間「以小害大」的小人比比皆是。那末，「人無有不善」至少就不能和「水無有不下」相提並論；至少也應該區分一下，譬如說：人心無有不善，失其養，始有不善。而且，就一般情形而言，大體與小體之間發生衝突時，每個人都會經驗到，隨從小體之性比較容易，緊緊抓住大體毫不放鬆就需要努力，絕不像孟子所說的那樣輕鬆：「人性之善也猶水之就下」。明乎此，孟子的性善經驗就可以從荀子的性惡經驗得到補充：誠然，人基本上有從善傾向，但也體會到易流於惡的弱點。性惡論所指的這一特定事實不但是全世界人的經驗，而且也接近現代基督徒神學對原罪的看法。是的，現代神學家往往視原罪爲社會中的惡劣影響力量。但每個人易於陷於惡的弱點似亦不可忽視。

孟荀二子的道德思想之所以能整合，是因爲他們着眼點與視域不同，因此所見到的事實各有所偏而不同；不同的事實卻未必是矛盾的。因此除極少部份以外都可以綜合爲一，荀子是側重實徵的人，幾乎可以說是一位社會學家，因此以社會安定爲標準來判定行爲的善惡⑬。孟子則比較從人的自我實現（盡心）來講善惡。把他們的見地綜合起來，就是擴大了他們的視域：他們所共同見到的當然比單獨見到的更週延完整。

㈥上述道德觀的評估及實踐可能性

對綜合孟荀之道德觀的評估　正如康德說的，道德是不可磨滅的事實，道德生活因此是人人必須面對的經驗：每個人體會到自己是自主的，對某些行爲負責任；同時也體會到某些行爲是善，另一些行爲是惡。然而今日世界卻被二股或三股歪風所苦：或者主觀地我行我素，忽視行爲的客體準則及後果；或者忽視人的自知與自主，幾乎把人看成可隨意驅使的動物，祇承認社會一時的需要和隨時可變的規範；或者根本不承認有道德事實：既不承認人的自主，也不承認任何道德規範。這些對道德的歪曲看法均已對實際道德生活發生極惡劣的影響，因爲它們都否定了道德

⑬ 袁信愛，〈荀子社會思想研究〉，新莊：輔仁大學哲學研究所碩士論文，民國七十八年，頁六五，七五—七八，九五，一七五等。

有其客觀準則。大家我行我素，結果將如孟子所云：「上下交征利，而國危矣。」這正是今日全世界人士的痛苦經驗，尤其是臺灣地區越來越令人痛心疾首的事實。

其實這些歪風大多來自歐美。歐美卻有根深蒂固的基督宗教傳統爲中流砥柱，因此危機雖大，卻有抵抗力。中國的儒家傳統道德思想之是否能發生同樣作用，端在我們能否推陳出新，使其蘊含的寶藏能爲現代中國人所珍惜。要達到這一步，迫切的要務是徹底瞭解儒家傳統的道德觀。儘管目下的形勢險惡，令人憂心，我個人仍對中國人深具信心。中國人始終是很理性的民族：只要眞認清一件事，就會逐漸付諸行動。中國的郵政與女權在一百年左右期間已有極佳表現，就是明證。因此，最可怕的是對傳統道德觀的半吊子了解。

孟荀融合的道德觀不僅平實而易知易行，更且有一個極大優點，那就是它不以任何宇宙觀或宗教信念爲後盾。相信道德是社會安定的基礎（荀子），這是每個人都會接受的；再加上孟子把四端的高貴傾向視爲人性本質，實現人人所能體會得到的四端卽實現人的本心本性，這無待外求的道德準則不需要任何其他宇宙觀與宗教信念，但也不排拒其他宇宙觀與宗教信念。而心之能思考，能知道可道而行道，或者知非道、可非道而行非道，這更是每個人的切身經驗。孟荀融合的道德觀既承認人性基本上向善，也承認人如忽視仁、義、禮、智的培育，就容易墮落。

就道德行爲善惡的標準而言，荀子以是否引起社會的「正理平治」或「偏險悖亂」來判斷行爲的善惡，這是最爲一般人所接受的看法。但社會以人性爲基礎。孟子指出人有仁、義、禮、智四端，其中仁、義、禮均係人際關係；「智」在孟子思想中也是以瞭解人際關係的是非曲直爲主。孟子又說：「仁也者人也」，就是以人際親善關係爲人性的主流。這一觀點之合乎事實，可以從西德慕尼黑大學的一項研究成果證明之。這項研究指出，一歲以內的嬰孩已有與固定的人親密接觸的需要；此項需要如未被滿足，嬰孩在智能的發展上呈顯著的落後⑭。孟子一方面肯定四端之性屬人的本質，同時又指出，四端之性被「小體」之性傷害就是惡，實在看得更徹底而更符合事實。

和西洋哲學相比，上述道德觀一方面和亞里斯多德一樣，視道德修養爲人自我實現的本質部份；卻又接近康德，因爲仁、義、禮、智均係人性的自律命令，無須外來動機，不像亞里斯多德那樣訴諸幸福。另一方面，上述道德觀也像奧古斯丁一般，把大體的匱乏視爲一種惡，並把人性的最後根源歸之於上天。以最低限度而言，這一道德觀也承認社會的治與亂是善惡行爲的準則之一，與功利主義及社會科學至少還有溝通餘地。因此，孟荀融合的道德觀，可以說兼採了各家之長。

孟子所云的「本心」以及與人爵完全不同的「天爵」實足以成爲人性無上尊嚴及民主的哲學基礎。因爲「本心」所要求的仁、義、禮、智是人際的對等關係：我需要別人以仁、義、禮、智

---

⑭ Theodor Hellbruegge, *Die ersten 365 Tage im Leben eines Kindes: die Entwicklung des Saeuglings.* Muenchen: TR-Verlagsunion, 1977, S. 27-29, 177-8.

對待我，我自己也有義務以仁、義、禮、智對待別人；而實行仁、義、禮、智、信則構成天爵。普遍擴充仁、義、禮、智、信的人際對等關係，就會導致互敬、互愛、互信、對談的民主精神，而打破一味推崇權威的寶塔型心態。

如何把上述道德觀付諸實踐？本文之所以不嫌其煩，從事孟荀人性論的融合工作，目的是要替中國的道德及社會重建工作提供一個實際可行的理論基礎；絕非閒來無事做做文章而已。極希望關心中國未來的海峽兩岸人士不吝指教。然而道德理論之目的在於實踐。就這一觀點而言，必須同時注意到教育與個人修養兩個問題。

教育方面，我人至少可把上述道德觀作爲工作假設而進行策劃及實地試驗，以期達到最佳效果。目下的道德教育一方面沒有結實的道德哲學基礎，又缺乏現代化的教育方法，難怪捉襟見肘。要使人從小就體驗到仁、義、禮、智的天性與求，應該從幼教開始。有一套天主教的幼教材料，一開始就讓幼孩各自把自己的生活照片帶來，讓大家一起欣賞別人，體會到別人的可愛；這就是使幼孩體會到孟子所云仁、義、禮之端的具體方法。另一方面，也可以用生活化的方式讓小孩子深切體會到，搶上公車、亂丟東西、隨地吐痰、亂吐檳榔汁、佔用人行道、濫用擴音器、搶麥克風、打架、罵人等等行爲都會使大家感到不便。這將是荀子理論的運作化與具體應用。必須集合哲學、教育學與心理學各界專業人士，長期研討並進行實地試驗，才可能設計出一套生活化的有效教材；不僅對臺灣地區有用，對整個大陸的精神重建工作尤其重要。

道德既是人自我實現的過程，因此必須透過個人修養去完成它。對此，宗教生活自能助人一臂。經常進寺廟禮拜或念經吃素者，至少會想到舉頭三尺有神明，不敢作惡而思眾善奉行。每星期日進教堂，也會策勵自己修德避惡，宗教音樂與禮節也會發生修心養性的功能，此外，還可能有社團或家庭式宗教活動。無論是中國傳統宗教或天主教、基督教的虔誠信徒，生活日程中通常也會有禱告或讀經書的習慣。宗教圈子以外的人，除採取這最後一種方法以外，也許可效法宋明理學家，每天用若干時間靜坐養心。

既然人性中也有易流於惡的弱點，因此曾子的「吾日三省吾身」（《論語・學而》第一：4）就不是無的放矢。天主教的許多機構至今仍把「吾日三省吾身」之訓付諸實行：午飯晚飯前各一次，最後一次在晚禱時。荀子敦勸人「虛壹而靜」（〈解蔽篇〉21：39），使心能求道、知道、可道而終至行道，必須成為中國人生活的重要面相之一。須知僅着眼於科學、經濟而忽視道德，無論是個人或社會的發展均將是畸形的；而且，如不思改正，終將面臨自我毀滅的深淵。也許這也可以算是臺灣經驗之一吧。

十五、個人、人際關係與社會
——荀子、孟子與布柏之比較

要是我們問馬克思，人究竟是什麼。他會說這問題的答覆不應限於抽象的人性，而應針對現實具體的人；以這層意義而言，「人是一切社會關係的總和」❶。對馬克思來說，單獨的個人祇是一個抽象概念，實際上的人必然接受了各種社會關係，這些關係以外即無所謂人。

馬克思的這一說法的確指出了事實的一個重要面相：的確，任何實際的人必然在社會中生活：他是父母的子女，是某一國家或民族的一部份，又是某家某機構的一份子；他也一定會接受人類社會的各種文化形態。的確，離開社會關係，我們很難想像出一個實在的活生生的人。然而，面對錯綜複雜的社會關係，每一個人會採取不同的反應方式；古今中外的思想家也曾揭示出

❶ 馬克思，《關於費爾巴哈的提綱》，《馬克思選集》第一卷，北京，人民出版社，一九七二年，頁一八。

一些合乎人性或違反人性的反應方式。諸如這一切就無法完全包含在「社會關係的總和」這一概念之中。這也就是說，馬克思並未揭示出人的全部面相；除了社會關係以外，普遍人性與個人尊嚴的問題還是值得討論。

本文將討論中國傳統思想中最具原創性的二位思想家，卽荀子與孟子對個人、人際關係與社會的看法，以後把孟子思想和當代的馬丁・布柏（Martin Buber, 1878-1965）相比，藉以理解今日年輕一代中國人的深刻訴求。

(一)荀子與孟子的看法

1. 荀子的社會觀

在眾多中國思想家之中，荀子可以說是最關心社會的一位。他把「能羣」視爲人的特色；而所謂「能羣」並不祇因爲羣居在一起，而是因爲自創了社會組織，後者則以人有分辨的思考能力爲前提：「水火有氣而無生，草木有生而無知，禽獸有知而無義，人有氣有生有知亦且有義，故最爲天下貴也。力不若牛，走不若馬，而牛馬爲用何也？曰人能羣，彼不能羣也。人何以能羣？曰分。分何以能行？曰義。」（〈王制篇〉第九69—71）

大家都熟知荀子主張人性惡。其實，他所云的性惡，也是從社會觀點立論：使社會平治安定的是善，而使社會紊亂的就是惡：「凡古今天下之所謂善者，正理平治也；所謂惡者，偏險悖亂也。」（〈性惡篇〉第二十三）「人生而有欲；欲而不得，則不能無求；求而無度量分界，則不能不爭；爭則亂，亂則窮。」（〈禮論〉第十九，1—2）「窮者患也；爭者禍也。救患除禍，則莫若明分使羣矣。……兼足天下之道在明分。」（〈富國〉第十，6—7，43）

分與不分對人羣的關係既那麼重大（「無分者人之大害也，有分者天下之本利也」〈富國〉第十，23），荀子遂由此推演出政權的合法性：「人君者，所以管分之樞要也」（〈富國〉第十，24）；「君者善羣也。羣道當則萬物皆合其宜」（〈王制篇〉第九，75—76）❷。

2. 荀子對個人及君羣關係的看法

儘管荀子極端重視社會，幾乎把社會的正理平治視爲善惡的標準，卻仍相信道德的絕對價值。首先，他主張「行一不義，殺一無罪，而得天下不爲也」（〈儒效〉第八，19）。〈王霸〉

---

❷ 袁信愛，〈荀子社會思想研究〉，新莊市，輔仁大學哲學研究所碩士論文，民國七十八年六月。這篇論文指出社會思想居荀子思想的樞紐地位，其主要部分已發表於《哲學與文化月刊》第十七卷第十一、十二期（民國七十九年十一、十二月）。

第十一，5中的句子幾乎完全相同，僅於「不爲也」前面加「仁者」二字。可見，荀子仍非常重視個人的道德修養。這在《荀子》前三篇（〈勸學〉、〈修身〉、〈不苟〉）尤其明顯：〈修身篇〉第二，18尤其強調「治氣養心之術」。荀子格外強調「人主」必須有仁與知的修養：「故知而不仁不可，仁而不知不可；既仁且知，是人主之寶也。」（〈君道〉第十二，67－68）。

不獨此也，荀子又以「先王之道，仁義之統」（〈榮辱〉第四，55，66－67）自居。這表示出他視仁與義爲人際關係的正道。但他在上述二句以後立刻就說：「以相羣居，以相持養」；似乎意味著仁義的人際關係仍以「羣居」的社會目的爲主。仁與義如果從屬於社會價值之下，而君主又居社會的樞紐地位，因此漢章帝（公元57－88）與羣臣所共訂的〈白虎通義〉遂確定君臣、父子、夫婦三綱之說。其中有關君臣的定義格外值得尋味：「君臣者何謂也？君羣也，羣下之所歸心也。臣者堅也，厲志自堅固也。」❸值得注意的是：這裏居然在君與羣之間劃一等號，非常接近路易十四世「朕卽國家」（L'état, c'est moi）的論調，成爲專制政治的張本。目下也有人以爲這種專制獨裁的思想屬於儒家傳統。其實這是漢章帝才確定下來的傳統，可溯源到董仲舒的《春秋繁露》（〈基義〉第五十三），始作俑者可能是韓非❹。中國大陸的一黨專政，則必須追

---

❸ 班固，《白虎通》（乾隆甲辰抱經堂雕），北京，直隸書局影印，民國十二年，卷三下，頁六－七。本書第九章討論董仲舒時已指出，董氏已以陽尊陰卑說支持三綱。

❹ 韋政通，〈三綱〉，見《中國哲學辭典大全》（韋政通主編），臺北，水牛出版社，民國七十二年，頁八四－八七。

溯到列寧與毛澤東：前者認爲共產黨與工人結合在一起，眞能代表羣眾，後者則公開主張槍桿子出政權。

儘管荀子似乎把「羣居」視爲「仁義之統」的起源，卻明顯指出：「天之生民，非爲君也，天之立君，以爲民也」（〈大略〉第二十七，75）；「天下歸之之謂王，天下去之之謂亡。」（〈正論〉第十八，20—21）絕沒有把君與羣混爲一事。因此，絕對專制的獨裁思想至少在荀子時代尚未爲儒家吸收。

3.孟子的性善論與社會

上文已指出荀子認爲人類之所以有社會是因爲人有分辨能力，但他始終把分辨、選擇、考慮的能力稱爲「僞」（亦即「人爲」），而不視爲人性的一部份。對他來說，祇有喜怒哀樂好惡之情才屬於人性（〈正名〉第二十二，3—4）。孟子的人性論比較更具含蓋性：對他來說，不僅口、目、耳、鼻、四肢的喜惡屬於人性，仁、義、禮、智更屬於人性（〈盡心〉下24，〈告子〉上6等）。前者屬於小體，是人身中賤的一部份，一味聽從它們會使人成爲小人；後者屬於大體，實行大體才會達到「天爵」；但必待人心去思考才會發現它們，它們使人成爲大人（〈告子〉上14—17）。這一來，「仁者無不愛也」（〈盡心〉上46）就被視爲人的本質：「仁人也」（〈梁惠王〉下15），「仁人心也」（〈告子〉上11），「仁也者人也」（〈盡心〉下16）等句均表達出這一中心思想。愛人既屬於人性，這也就等於肯定人本質地具社會性。而發揮擴充這基本的人性就是道德與政治的基礎。

基於這層理由，孟子心目中的仁義禮智並不如荀子所想，祇是爲了「羣道」從外面勉強加給人的東西（「非由外鑠我也」）而是人本有的較高貴的天性。不寧唯是，它們還是「天生烝民」時所賦與的「有物有則」（〈告子〉上6）。根據〈萬章〉上5，孟子心目中的天能够接受或拒絕人的推薦，因此是有知有意的上帝。人之較高貴的善性既係上帝賦與的，所以實現它是具有絕對價值的「天爵」。人本來既具仁義禮的天性，所以他必然具社會性，因爲社會關係即人際關係，沒有人際關係，仁、義、禮等天性均無所施其伎倆。四端與社會性都是天所賦與的，這是孟子性善論的最深刻含義。

4. 孟子、個人尊嚴與政權

由於四端是天所賦與的高貴天性，實現四端堪稱爲「天之尊爵」（〈公孫丑〉上7），因此踐行這些善端的個人具有無上尊嚴。孟子認爲「天下有達尊三，爵一，齒一，德一」（〈公孫丑〉下2），而這三個尊位是並行的同等的，彼此並不從屬。

既然如此，孟子不會把政權視爲至高無上：「民爲貴，社稷次之，君爲輕」（〈盡心〉下14）。孟子也並不以爲政權是神聖不可侵犯的。他至少二次向齊宣王表達出這一想法。一次是暗示他，四境之內不治的國王可以捨棄，殘賊之君甚至是可誅的「一夫」（〈梁惠王〉下6，8）。另一次孟子直言無隱地告訴齊宣王，君有大過時，貴戚之卿及異姓之卿均應諫言；反覆規諫而不聽時，異姓之卿應離去，而貴戚之卿應逕自與君易位（〈萬章〉下9）。以現代人眼光來看，孟子的說法離民主思想仍甚遙遠，但他清楚表達出政權有其限度，甚至表達出不稱職的政權應該轉移，已經是很難能可貴的了。孟子主張仁爲天之尊爵，更表示出踐行仁的道德主體或個人具無上尊嚴，這對現代中國尤其意義重大。

㈡孟子的仁與布柏的「我與你」關係

這是我從一九七二年以來所嘗試的一個綜合。本文重新提出，將會加入一九八〇年以來對生命的一些看法。希望這一涉及個人與社會的構想能對今日中國有所裨益。

1. 孟子的仁之哲學

自從一九七二年發表〈仁的經驗與仁的哲學〉❺以來，我一直相信孟子所云「仁也者人也」足以表達出人在自我實現過程中應然的終極目標，以這一意義而言，它可以說是人的極妙定義。是的，孟子是以經驗爲出發點：「今人乍見孺子將入於井，皆有怵惕惻隱之心。……」但僅藉他的經驗和反省，似乎很難得到人心均善的普遍結論：「由是觀之，無惻隱之心非人也……」（〈公孫丑〉上6）。事實上，經驗也告訴我們，世間有許多凶殘成性的人。因此，僅賴經驗，我們很難得到所有的人都有四個善端的結論。四個善端包括仁義禮智；但孟子往往也沿用孔子的用法，以「仁」字包括諸德。

「仁也者人也」雖未必能指出實然的普遍事實，但這句話加上「合而言之道也」）（〈盡心〉下16）卻充分說明，孟子的眞意在於說：仁與人可合可分，因爲有存仁或去仁的抉擇能力；但人應該把仁與人合起來，實現仁性，這才是人道；換言之，仁是人應然的準則。否則表面上雖似人，實則「非人也」，也就是沒有達到人所應有的準則。人之所以應實現仁性，是因爲這是天所賦的「有物有則」（〈告子〉上6），因此是「命」，也就是天的命令或使命（〈盡心〉下24）。

撇開孟子個人對天命的信念不論，現代心理學已充分證明，人需要透過別人纔能完全實現自

---

❺ 見《現代學苑月刊》第九卷第一期（民國六十一年一月），頁一—八。後收集於項退結著《邁向未來的哲學思考》書中，臺北，東大圖書公司，民國七十七年三版，頁二六一—二九〇。

己。假使一個人自幼就無法和別人接觸與溝通，人性的潛力即無從施展；這也就是說，人在缺乏溝通的特殊情形中，發展會不正常。這一類研究很多。最令人信服的是七十年代慕尼黑大學與電視臺合作的一次研究。他們替八個嬰孩（其中至少有一個是黑人）拍攝了不計其數的錄影帶，從出生一直到十三個月爲止。此書遂被命名爲「小孩生活的最初三六五天」。這八個嬰孩分別在正常家庭或育嬰堂中成長。結果發現，育嬰堂中成長的十三個月小孩，和同年齡而在正常家庭成長的小孩相比，其語言與社會關係的發展有九個月的差距❻。所以如此的原因顯然是由於家庭中照顧小孩的是同一人，小孩跟他之間發生了人際的感情溝通與對話（儘管小孩尙未學會成人的語言）。反之，在育嬰堂成長的小孩祇能得到不斷更換的許多護士照顧，不能跟一位固定的人發生感情溝通。這就證明，小孩一開始生活就需要跟另一位固定的人發生感情溝通與對話，否則他的正常成長會發生阻礙。

長大以後，人依舊需要不斷跟別人溝通，這是盡人皆知的事實。孟子最了不起之處是把個人與別人的積極關係（仁）視爲應然的「道」。個人是獨立的生活中心，有其表現於反省意識的內斂性，能够把握自己，替自己抉擇生活方向。但他無論在認知與感情生活中都向外開放，首先向別的人開放，跟別人建立關係。沒有孟子所云「仁」的人際關係，個人根本無法實現自己。個人

---

❻ Theodor Hellbrugge, *Die ersten Tage in Leben eines Kindes: Die Entwicklung des Säuglings,* München: TR-Verlagsunion, 1977, 8-13, 27-29, 177-8.

需要人際或社會關係，社會關係也需要獨立的個人，二者相依爲命。其實，這是所有生命所共有的特色：每一個生命體都是完整的個體，但這個體與其週遭環境必然發生密切關聯。所有生命都有個體與週遭之間正反相成的特色。植物僅於生物層面上發生個體與週遭之間的正反相成關係，並於生物層面上繁殖個體，進而形成更複雜更完美的個體。動物則更進一步，能够在認知與希求二種活動上在個體與週遭之間發生正反相成關係，並能藉本能形成羣體。人則藉精神性的認知與希求成爲完全意識到自己的個人，並藉此發生「仁」的人際關係：人類社會於焉產生❼。

2. 布柏的「我與你」及「我與它」

上文已說明孟子把人類社會植基於個人的仁的天性，又把個人的完成植基於社會性或人際關係上。孟子的「仁」有不同等級：「親親而仁民，仁民而愛物」（〈盡心〉上45）。但仁者最起碼的條件是愛人（〈離婁〉下28）。馬丁·布柏於一九二二年一舉成名的《我與你》（*Ich und Du*）一書最足以說明孟子的仁。非常奇怪，法國存在思想家馬賽爾（Gabriel Marcel, 1889-1973）於一九二七年也自發地談《我與你》思想。

布柏此書一開始就談：「對人來說，世界有兩種，視人的態度而定。人的態度有兩種，視他

❼ 可參考第十二章。

所說首要字的兩種性質而定。……一種首要字是我與你的組合，另一種首要字是我與它的組合，後者可以用他和她代替而意義不變。」❽依照布柏，我與你才構成眞的人際關係，是人對人的愛與負責。透過我與你的關係才會有精神生活和團體。我與它（他或她）則是我和對象的關係，它對我而言祇是不相干之物。

布柏的這一分類格外關心今日社會生活中的經濟與國家二個層面。在這二個層面中打滾的人往往祇知道利潤與權力，往往以「它」來看一切，包括別的人在內。這一情況之下的人根本沒有「你」，祇有「它」，甚至他自己也不過是「它」而已❾。以馬克思的語言來說，這是徹底的疏離或異化。

唯有透過眞誠的我與你關係才會有精神的聯合和眞的人際關係❿。今日世界需要科技與現代組織，這一切都是「它」的世界。布柏承認，沒有「它」人不能生活，但祇有「它」人根本不是人⓫。必須讓「它」的世界被「我與你」的精神世界所滲透，讓精神得其所哉，這時世界才有希望⓬。

---

❽ Martin Buber, *I and Thou*, A New Translation, with a Prologue and Notes by W. Kaufmann, New York: Ch. Scribner's Sons, 1970, 53.

❾ 同上，頁九六—九七。一一七—一一八。

❿ 同上，頁七七。

⓫ 同上，頁八二—八四。

⓬ 同上，頁九八—一〇〇。

布柏所云的「我與你」關係非常接近孟子的仁，尤其是孟子的惻隱之心，因爲惻隱之心並不祇是一種感受而已，而是對所惻隱者的關愛和負責。不消說，仁包括了義，那就是公平原則。如果「我」眞的視人爲「你」，當然會以仁、義、禮、智相待。

「我與你」關係所形成的精神生活實係今日全世界所亟需。資本主義社會唯利是圖，祇有「它」而無「你」。社會主義社會則把政治與經濟權力都集中在黨的領導人手中，使他們爲了維護既得利權而把所有別人都視爲「它」，甚至不惜集體屠殺。某些宗教行爲也爲了目的不擇手段：例如爲了維護喪事不惜以擴音器把數百戶人家鬧得雞犬不寧；爲了維護回教先知的榮譽不惜下遍及全世界的追殺令。

「我與你」關係當然包含了每個人應有的權利與義務。關於這點，今日中國年輕一代已有了堅強的信念。根據英國廣播公司的訪問，一九八九年五、六月間北京學生民主運動領袖並未背棄共產主義的公平理想，而祇願享受人天生的基本權利。另一位學運領袖特別強調「人民不能被視爲整體，它是個人，是團體。人民只由每位公民組成」⓭。這些思想與布柏的想法不謀而合。今日中國的新生一代已認清，十一億的中國人民由每一個「我」與「你」所組成，每個「我」與「你」都有基本的自然權利，絕非集體的「它」。

⓭《聯合報》民國七十八年六月十七日第六、七版中下部及六月十八日第六、七版中下部。

廿一畫

十六畫

十七畫

十八畫

十九畫

廿 畫

十四畫

十五畫

十三畫

十一畫

十二畫

九 畫

十 畫

八 畫

六畫

七畫

中文人名索引（包括譯名）

三 畫

四 畫

五 畫

W

西文中文人名對照索引
（無譯文之人名僅列西文）

A

B

滄海叢刊

＊國父道德言論類輯……………………………………………陳立夫著
＊文化哲學講錄㈠～㈤……………………………………………鄔昆如著
＊哲學十大問題……………………………………………鄔昆如著
＊哲學淺論……………………………………………張　康譯
＊哲學智慧的尋求……………………………………………何秀煌著
＊哲學的智慧與歷史的聰明……………………………………………何秀煌著
＊文化、哲學與方法……………………………………………何秀煌著
＊哲學與思想……………………………………………王曉波著
＊內心悅樂之源泉……………………………………………吳經熊著
＊知識、理性與生命……………………………………………孫寶琛著
＊語言哲學……………………………………………劉福增著
＊邏輯與設基法……………………………………………劉福增著
＊知識・邏輯・科學哲學……………………………………………林正弘著
＊哲學演講錄……………………………………………吳　怡著
＊後設倫理學之基本問題……………………………………………黃慧英著
＊日本近代哲學思想史……………………………………………江日新譯
＊比較哲學與文化㈠㈡……………………………………………吳　森著
＊從西方哲學到禪佛教
　—哲學與宗教一集……………………………………………傅偉勳著
＊批判的繼承與創造的發展
　—哲學與宗教二集……………………………………………傅偉勳著
＊「文化中國」與中國文化
　—哲學與宗教三集……………………………………………傅偉勳著
＊從創造的詮釋學到大乘佛學
　—哲學與宗教四集……………………………………………傅偉勳著
＊中國哲學與懷德海……………………………………………東海大學哲學研究所主編
＊人生十論……………………………………………錢　穆著
＊湖上閒思錄……………………………………………錢　穆著

*晚學盲言(上)(下)……錢　穆著
*愛的哲學……蘇昌美著
*是與非……張身華譯
*邁向未來的哲學思考……項退結著
*現代藝術哲學……孫　旗譯
*現代美學及其他……趙天儀著
*思想的貧困……韋政通著
*中國現代化的哲學省思……成中英著
*不以規矩不能成方圓……劉君燦著
*恕道與大同……張起鈞著
*儒家與現代中國……韋政通著
*現代存在思想家……項退結著
*中國思想通俗講話……錢　穆著
*中國哲學史話……吳　怡、張起鈞著
*中國百位哲學家……黎建球著
*中國哲學的生命和方法……吳　怡著
*中國人的路……項退結著
*中國人性論……臺大哲學系主編
*中國管理哲學……曾仕強著
*先秦諸子論叢……康端正著
*先秦諸子論叢(續編)……康端正著
*孔學漫談……余家菊著
*孔子學說探微……林義正著
*孟學的現代意義……王支洪著
*心學的現代詮釋……姜允明著
*中庸誠的哲學……吳　怡著
*中庸形上思想……高柏園著
*智慧的老子……張起鈞著

滄海叢刊

滄海叢刊

* 兩漢經學今古文平義……錢　穆著
* 宋代理學三書隨劄……錢　穆著
* 先秦諸子繫年……錢　穆著
* 朱子學提綱……錢　穆著
* 莊子纂箋……錢　穆著
* 論語新解……錢　穆著